Anonymous

Der deutsche Schulfreund

Ein nützliches Hand- und Lesebuch für Lehrer in Bürger und Landschulen

Anonymous

Der deutsche Schulfreund
Ein nützliches Hand- und Lesebuch für Lehrer in Bürger und Landschulen

ISBN/EAN: 9783743615755

Hergestellt in Europa, USA, Kanada, Australien, Japan

Cover: Foto ©Paul-Georg Meister /pixelio.de

Weitere Bücher finden Sie auf **www.hansebooks.com**

Der deutsche Schulfreund

ein nützliches

Hand- und Lesebuch

für

Lehrer

in

Bürger- und Landschulen.

Herausgegeben

von

H. G. Zerrenner.

Fünftes Bändchen.

Erfurt, 1793.
bey Georg Adam Keyser.

Inhalt.

Seite.

I. Ueber die Liebe zum Guten in näherer Anwendung auf Schullehrer. Eine Vorlesung vom Hrn. P. Meyer ... 3

II. Auszug aus dem Protokoll der Landschulkonferenz und der Verhandlung über die im Plane angegebene Beibringung der nöthigen Sprachkenntniß. (Fortsetzung) Von der nöthigen Sprachkenntniß, ihrer Erlernung und Uebung in Landschulen ... 26

III. Eine Anweisung zum katechisiren für einige Kandidaten des Schulamts unter den Schülern zu Osterwick, vom Hh. Insp. Schmahling ... 55

IV. Ueber die Methode, Kinder von der gewöhnlichen Unart, Thiere zu martern, abzubringen, von Goeze (Fortsetz.) ... 63

V. Auch etwas über den gewöhnlichen Kinderfehler, Thiere zu martern ... 70

VI. Schulkorrespondenz ... 78

VII. Schulneuigkeiten ... 90

1) Nachricht von der Armen- und Arbeitsschule in Quedlinburg, von Cramer ... ibid.

2) Sommerschule zu Immichenhain, in der Grafschaft Ziegenhain, vom Hrn. Pastor Rehm ... 105

3) Schulnachricht aus Mühlhausen ... 122

4) — — Salzburg ... 124

5) Schuljugend-Prüfung zu Elbkostelez ... 126

6) Reichs-

		Seite.
6)	Reichsstift Neresheimsche Schulordnung. (Fortsetzung)	128
7)	Warnung für junge unerfahrne Schullehrer	144
8)	Bekanntmachung einer sehr gemeinnützigen Sache, besonders für Volksschulen	148

VIII. Schulanekdoten

1) Schulnachricht aus Leipzig — 162
2) Eine Anfrage — 163

IX. Rezensionen und Anzeigen.

1) Entwurf zu einem Gesundheits-Katechismus, der, mit dem Religions-Katechismus verbunden, für die Kirchen und Schulen der Grafschaft Schaumburg-Lippe ist entworfen worden ꝛc. — 164

2) Ueber die höchstnöthige Verbesserung der Dorfschulen. Ein freimüthiges Wort, zur Beherzigung für alle diejenigen, die etwas zur Verbesserung dieser Schulen beitragen wollen und dürfen ꝛc. — 179

X. Wunsch und Bitte des Herausgebers — 187

I. Ueber

I.

Ueber die Liebe zum Guten in näherer Anwendung auf Schullehrer.

Eine Vorlesung bey der Schulkonferenzfeier zu Athenstedt in der Derenburgschen Inspektion, vom Pred. Meyer.

Hochgeschätzte Herren und Freunde!

Sie feiern heute den Stiftungstag Ihrer Schulkonferenz mit lautem, dankbarem Lobe Gottes und brüderlicher Ermunterung zu fernern Fleiße in Ihrer Schularbeit; (ein Freudentag, so, wie es billig alle unsre Feste seyn sollten — eine Feier mit kindlichem Lobe und Danke Gottes, und brüderlicher Ermunterung zu jedem Guten — ein Tugendfest!) und lassen auch uns an diesem Ihrem festlichen Freudentage Theil nehmen. Es ist eine Freude und rührend für uns alle, Sie von warmer Liebe zum Guten so beseelt — nicht bloß durch Ihre äußerlichen, ähnlichen Verhältnisse, als benachbarte Schullehrer; sondern auch durch innere Zusammen- und Einstimmung Ihrer Herzen zu jedem Guten, das

Sie in Ihrem Fache thun können, als wahre Amtsbrüder so vereint zu sehen; zu sehen, daß Liebe zum Guten die Grundlage Ihrer amtsbrüderlichen Freundschaft ist; zu sehen, daß Sie einen Tag, an welchem Sie etwas Gutes angefangen haben, als Festtag feiern.

Ach! wie ist doch die Liebe zum Guten, das allerherrlichste Gepräge der Gottheit, das sie uns in die Seele gedrücket hat, um uns ihre süßesten Freuden mitzutheilen! Was für belohnende und göttliche Freuden gewähret sie uns! Ich bin überzeugt, daß ich Sie, meine hochgeschätzten Freunde, nicht erst zu dieser Liebe zum Guten zu ermuntern brauche. Ihr heutiges Fest beweiset das allein schon hinlänglich, wenn ich auch nicht vorher schon davon überzeugt gewesen wäre. Allein — ein Gedanke fällt mir dabey ein, von dem ich hoffe, daß auch Sie ihn wahr finden werden — nämlich der: daß wir doch über eine Tugend, wenn wir auch den Trieb dazu schon in unserm Herzen fühlen, und in der Ausübung derselben schon begriffen sind, nicht zu oft und gründlich nachdenken können, um ihre wahre Natur richtig kennen, sie gerade in dem Verhältnisse, worin wir stehen, ausüben zu lernen, und sie von allen Auswüchsen und Schlacken immer mehr zu reinigen. Denn die Tugend liegt und wächst in unserm Herzen leider nicht in einem ganz reinen Boden. Fremdartige Gesinnungen vermischen sich und verwachsen gar leicht mit ihr, so wie

das

das uneblere Metall mit dem Golde in der Erde verwächst, und in dieser Mischung leicht die trügende Gestalt des Goldes annimmt. Nur die Scheidekunst reiniget erst das Gold von den Schlacken, und so geschieden und gereiniget, erhält es erst seinen wahren Werth und — rechten Gebrauch. Die Tugendlehre muß auf uns, wie die Sonne durch Licht und Wärme zugleich wirken. Mit eben den Lichtstrahlen, mit welchen die Sonne erwärmet, erleuchtet sie auch zugleich. Sie trennet Licht und Wärme nie. Ist ihr Licht weg, so fühlet man auch ihre befruchtende Wärme nicht mehr, wenigstens nicht in dem Grade. Es wird Nacht und kühle. Sie läßt zwar auch des Nachts etwas von ihrer Wärme in dem Erdboden zurück; aber im Finstern kann doch der Ackermann sein Feld nicht gehörig bearten und bestellen, daß ihre Wärme recht edle und nützliche Früchte erzeugen könnte. Dazu muß ihr Licht mit jedem Tage wieder zurückkehren. Ein bloßes warmes Gefühl der Tugend, ohne Licht und richtige Einsicht in ihre wahre Natur und rechte Ausübung, ist höchstens in unserer Seele eine fruchtbare Sommernacht, die bey unterlassener Anbauung unsers Geistes und Herzens eben so gut Unkraut, als edle und nützliche Früchte hervortreibt. Wie nöthig ist es daher, daß wir auch über die Liebe zum Guten, über ihre wahre Natur und rechte Anwendung gründlich nachdenken, und uns davon richtige Begriffe zu machen suchen! Wir wollen jetzt einmal darüber nachdenken, und ich wünsche, durch die Mittheilung meiner Gedanken darüber, Ihnen nur die Veranlassung dazu zu geben. Nehmen Sie, hochzuverehrende Anwesende, und Sie, meine hochgeschätzten Freunde! meinen Versuch, Ihnen meine Gedanken

über die wahre Liebe zum Guten, als einer höchstnöthigen Eigenschaft des Schullehrers,

mitzutheilen, für das, was er nur ist und seyn soll, für einen Versuch und zugleich für einen Beweis von meiner innigen und regen Theilnehmung an dem heutigen Feste, an. Ich will es versuchen erst mich darüber zu erklären, was ich unter der Liebe zum Guten verstehe; hernach, was ich für die untrüglichsten Kennzeichen, daß man wahre Liebe zum Guten habe, halte; und endlich, wie sie eine höchstnöthige Eigenschaft des Schullehrers sey.

Was ist Liebe zum Guten? Das ist die erste Frage, die ich mir aufwerfe.

1. Gut ist, was uns und unsern Zustand vollkommener macht. Z. B. erkannte Wahrheit macht unsern Verstand, die Tugend unsern Willen, die Gesundheit, vortheilhafte Bildung, Stärke und Geschicklichkeit unsern Körper, und nebst Geld und Gut, Ehre und Ansehn, Macht und Vergnügungen auch unsern äußerlichen Zustand vollkommener. Folglich ist dieses alles etwas Gutes; obgleich in sehr verschiedenem Grade, weil das eine

mehr,

mehr, das andere weniger, zu unserer Vollkommenheit, d. h. zur Erreichung des Endzwecks, wozu wir da sind, beiträgt. Der Hauptzweck unsers Daseyns hier auf Erden, als Menschen, ist: daß wir unsere Seelenkräfte, Verstand und Willen so ausbilden, daß wir dem höchsten Wesen und Urbilde der Vollkommenheit, Gotte, dem wir auf der Stufenleiter der Geschöpfe hier auf Erden am nächsten stehen, immer ähnlicher werden. Ausbildung unsers Verstandes und Willens ist uns daher das höchste Gut, weil sie uns unserer Vollkommenheit und dem Urbilde derselben, Gott, und somit auch dem Zwecke unsers Daseyns, am meisten nähern. Alle Vollkommenheiten unsers Leibes und äußerlichen Zustandes können aber auch als Werkzeuge und Mittel zur Vervollkommnung unserer Seelenkräfte vieles beitragen; und in so ferne sind sie, obgleich nur als bloße Mittel untergeordnet gut; — aber auch nur in so ferne gut. Sobald wir die Gesundheit, vortheilhafte Bildung, Stärke und Geschicklichkeit unsers Leibes; Geld und Gut, Ehre und Ansehn, Macht und Vergnügungen, zu unserm letzten Zwecke, und nicht zu Mittel, jene höhere Vollkommenheit unserer Seele zu erlangen, machen: führen sie uns vom Hauptzwecke unsers Daseyns ab, machen uns nicht vollkommener, und bleiben dann kein wahres Gut mehr.

2. Trieb zu dem, was uns und unsern Zustand vollkommener macht, ist nun Liebe zum Guten.

Wir Menschen haben alle einen angebornen Trieb, uns und unsern Zustand vollkommener zu machen. Sobald wir also etwas für gut, d. i. für etwas, das uns und unsern Zustand vollkommener macht, erkannt haben, werden wir auch einen Trieb dazu bey uns fühlen. Allein deswegen haben doch nicht alle Menschen, (und ich muß leider! hinzusetzen) nur wenige wahre Liebe zum Guten. Das scheint widersprechend zu seyn; aber dieser Widerspruch hebt sich von selber, wenn wir nur bedenken, daß die meisten Menschen von dem, was gut ist, und sie vollkommener macht, ganz falsche Begriffe haben. Sie bleiben bloß bey dem Sinnlichen stehen, und kennen kein höheres Gut, als das, was ihren leiblichen und äußerlichen Zustand vollkommener macht. Den Hauptzweck ihres Daseyns, ihre Seele auszubilden, verlieren sie ganz aus dem Gesichte. Ihre Liebe zu ihrer Gesundheit, vortheilhaften Bildung, Stärke, Geschicklichkeit zu ihren Gütern, zum Ruhme, Ansehn, zum Herrschen über andere und zu unschuldigen Vergnügungen, könnte man noch immer eine Liebe zum Guten nennen; so lange sie das alles nur deswegen liebten, weil es ihnen zur Erreichung jener höhern Vollkommenheit der Seele — Aufklärung ihres Geistes und Ausübung der Tugend, ein Mittel wird. (Wir müßten ja sonst die gute Absicht des Schöpfers, der uns mit großer Weisheit und Güte selbst den Trieb der Erhaltung, der Ehre und zu Vergnügungen eingepflanzet hat, und

und die großen Dienste, die sie uns zu einer desto eifrigern Betreibung des wahren Guten thun, ganz verkennen.) Aber solche Menschen wissen es nicht, oder wollen es nicht wissen, wie sie das Gute, was ihnen Gott am Leibe und äußerlichen Glücksumständen hat zu Theil werden lassen, als Mittel zur Erreichung eines höhern Zwecks und Guten, zur Vervollkommnung ihrer Seele, gebrauchen sollen. Der bloß sinnliche Genuß ihrer leiblichen und irdischen Gaben ist ihr einziger und letzter Zweck; darin suchen sie ihre einzige Vollkommenheit und Glückseligkeit, und da dieses sie von ihrer höhern Vollkommenheit und Glückseligkeit abhält: so bleibt es unter diesen Umständen kein wahres Gut mehr, und man kann daher von ihnen nicht mehr sagen, daß sie wahre Liebe zum Guten haben. Am Triebe, sich vollkommener zu machen, fehlt es ihnen nicht; sondern nur diesem Triebe an der rechten Richtung; — er verfällt auf Scheingüter und verfehlt das wahre Gute.

Weil die Welt nach der Absicht des Schöpfers nur ein vollkommenes Ganzes ausmachen soll: so sind alle einzelne Vollkommenheiten darinnen so verkettet, daß unsere eigene Vollkommenheiten zugleich auch die Vollkommenheiten aller andern Geschöpfe befördern, und die Vollkommenheiten anderer auch wieder den unsrigen beförderlich seyn sollen. Wer also einen Trieb, sich selber vollkommener zu machen, oder Liebe zum Guten hat, der hat auch schon,

schon, des natürlichen Zusammenhanges der Dinge wegen, einen Trieb, zugleich auch andere vollkommner zu machen. Wer kann z. B. einen Trieb zur Tugend, ohne Trieb andere dadurch glücklicher zu machen, haben? Doch — das ist nur Verdienst des Schöpfers, der den Zusammenhang der Dinge so geordnet hat. Soll Liebe zum Guten, Tugend und für uns selbst verdienstlich seyn: so muß dieser Trieb auch andere, und ihren Zustand vollkommener zu machen, absichtlich bey uns seyn. Wer das Gute liebet, der liebt es allenthalben, wo es ist, oder bewirkt werden kann, nicht bloß an sich, sondern auch an andern; sonst liebte er nur sich selbst, und nicht das Gute. Und wer nach seiner eigenen Vervollkommnung strebt, der muß ja auch schon deswegen die Vollkommenheit Anderer zu bewirken suchen, weil diese auf seine eigene wieder zurückwirket. Zur wahren Liebe des Guten gehört daher vor allen Dingen, daß wir auch Andere, und ihren Zustand vollkommener zu machen suchen. Und was ist denn nun das Resultat von dem allen? Wahre Liebe zum Guten bestehet in dem Triebe uns und Andere vollkommener zu machen, und zwar hauptsächlich unsere und ihre höhere Vollkommenheit der Seele, aber auch geringere Vollkommenheit des Leibes und der äußerlichen Umstände, jedoch nur, um jenes höhern Seelenglücks willen, zu befördern.

Und diese Liebe zum Guten ist nun, der edelste aller Triebe, der uns der Gottheit nähert. Denn das ganze Wesen Gottes bestehet in dem Inbegriffe aller Vollkommenheiten, und sein Leben ist nichts anders, als ein immer fortdauernder Trieb und unaufhörliche Geschäfftigkeit, da er selber nicht vollkommener werden kann, alles, was außer ihm da ist, möglichst vollkommen zu machen. Sein Meisterstück davon war die Schöpfung der Welt. Er sahe an alles, was er gemacht hatte, und siehe da, es war alles sehr gut. Der höchste Beweis aber, den uns Gott von seiner Liebe zum Guten gegeben hat, war der, daß er diesen edlen Trieb auch dem erschaffenen Menschen, der sichtbar hier auf Erden seine Stelle vertreten sollte, mittheilte. Lasset uns Menschen machen, ein Bild, das uns gleich sey. Er schuf den Menschen ihm zum Bilde. Ja! diese Liebe zum Guten ist das Bild der Gottheit, das der Schöpfer unserm Herzen eingedrücket hat, das Gepräge, daß wir von ihm unser Daseyn haben, und aus einer Werkstatt sind, der uns noch übriggebliebene göttliche Funke, der, ob er gleich mit andern sinnlichen und niedern Trieben untermischt, von uns selber oft unterdrücket wird, doch noch oft in unserm Busen auflodert, oft nur eine Zeitlang unter dem Schutte eines noch ungebildeten Herzens verborgen liegt; aber wenn er angeregt und gereiniget wird, in erwärmender Flamme ausbricht, und göttliche Handlungen bewirket. Sie allein ist,

wenn

wenn wir sie herrschend bey uns werden lassen, das Prinzip wahrer Tugend — denn dieses ist nichts anders, als **herrschende Liebe zu allem Guten.** Gott giebt uns ja auch in seiner Fürsehung, Erhaltung und Regierung, ein immer fortdauerndes Muster in der Liebe zum Guten, das wir nachahmen, dem wir immer ähnlicher werden sollen. Bestrebe dich, o Mensch, dich selber und Andere immer vollkommener zu machen; dann erst bist du ein ächtes Kind des Vaters des Lichts, d. i. alles Guten, von dem alle gute und vollkommene Gaben herab kommen.

Freilich ist Gott das höchste Ideal von Vollkommenheit und in ihm wohnt die reinste und wirksamste Liebe zu allem Guten. Seine Vollkommenheiten kann kein Erschaffener erreichen. Und in dem höchsten Sinne des Wortes ist, wie uns sein Sohn selber sagt (Mark. 10, V. 18.) niemand gut — der beste, denn der einige Gott. Aber — streben, streben können wir doch, ihm darin immer ähnlicher zu werden, und in dieser Absicht konnte auch Jesus billig an uns die Forderung thun: seyd vollkommen, wie auch euer Vater im Himmel vollkommen ist. Ein geringerer Grad der Liebe zum Guten ist auch schon Liebe zum Guten. Ein Kind kann schon das Gute lieben, wenn es gleich noch schwach am Verstande und Kräften ist, und einige, obgleich nicht ganz vollkommene Uebereinstimmung

der

der Gesichtszüge, kann doch das Kind seinem Vater schon ähnlich machen.

Diese Liebe zum Guten will sich nun ein jeder (gewöhnlich unter dem Titel eines guten Herzens) zueignen und keiner gerne ganz absprechen lassen; da doch äußerst wenige sie in der That besitzen. Die Welt ist von solchen Prätendenten ganz voll; aber an wahren Freunden des Guten äußerst arm. Ein jeder schmeichelt sich es zu seyn, und die meisten betrügen sich darin selbst. Ja! eben deswegen giebt es so wenig wahre Liebe zum Guten in der Welt, weil es so viele Afterarten derselben giebt und diejenigen, die sie zu besitzen sich fälschlich schmeicheln, sich weiter keine Mühe geben, die wahre sich zu eigen zu machen und auszuüben. Wie nöthig ist es daher, daß man die wahre Liebe zum Guten von jeder bloßen Nachäffung unterscheiden lerne, um sich nicht selbst zu betrügen und von andern betrügen zu lassen. Ich komme daher auf die zwote Frage:

Welches sind die untrüglichen Kennzeichen, daß man wahre Liebe zum Guten habe?

1. Das erste ist, wenn man sich selbst, und zwar hauptsächlich in dem Fache, worin man lebt und wirken soll, so viel als man kann, zu vervollkommnen sucht. Alles, was uns vollkommener macht, ist zwar ein Gegenstand der Liebe zum Guten, auch so ferne es uns selbst glücklicher macht. Denn es ist

ist auch Pflicht sich selbst zu lieben. Zu unserer Glückseligkeit trägt jede Ausbildung unserer Seele, unseres Verstandes und Herzens das allermeiste; aber auch jede Vervollkommnung unsers Körpers und unserer äußerlichen Umstände auch das Ihrige, obgleich in einem geringern Maaße, bey. Man betreibe jene daher vorzüglich und vernachläßige auch diese nicht; so kann man auf die beste Weise die Selbstliebe mit der Liebe zum Guten vereinigen und beiden ein Genüge leisten. Da aber nach der gegebenen Erklärung unsere Vollkommenheit in der Erreichung des Zweckes unsers Daseyns besteht; so muß denn doch wol ein jeder hauptsächlich diejenigen Vollkommenheiten zu erlangen suchen, die ihm in dem Fache, worin ihn die Fürsehung gesetzt hat, zur Erreichung seines Zweckes, die nöthigsten und unentbehrlichsten sind. Denn eben dadurch beweiset er erst einen Trieb, den Endzweck seines Daseyns zu erfüllen, oder sich vollkommener zu machen, und folglich erst wahre Liebe zum Guten. Er muß nun nicht allein überhaupt seinen Verstand aufzuklären; sondern sich hauptsächlich auch die Kenntnisse zu erwerben suchen, welche zu seinem Berufe und Amte nöthig sind, um nicht allein überhaupt seinen Körper und äußerlichen Umstände zu vervollkommnen; sondern sich insbesondere auch die körperlichen Vollkommenheiten und äußerlichen Vortheile zu erwerben suchen, die ihn zu einer leichtern und besseren Uebung seiner Amtspflichten geschickter machen.

chen. Denn manche Kenntniſſe, Geſchicklichkeiten und Vortheile, die Andern in ihrem Fache nöthig und nützlich ſind, können gerade uns in dem unſrigen ganz unnütz ſeyn, und darin nicht vollkommener machen; und wenn wir über dem Streben nach denſelben, die nöthigern verſäumen, ſo verräth das keine wahre Liebe zum Guten.

2. Das zweite Kennzeichen der wahren Liebe zum Guten iſt, wenn wir zur Vollkommenheit Anderer alles mögliche aus allen Kräften, und zwar hauptſächlich auch wieder in unſerm Fache, beizutragen ſuchen. Eine jede ſelbſt erlangte Vollkommenheit, die wir unthätig in uns vergraben, oder nur ſelbſtſüchtig für uns ſelbſt zu nutzen ſuchen, bleibt keine Vollkommenheit mehr, weil ſie den Zweck unſers Daſeyns, auch Andere vollkommener zu machen, nicht erfüllet. Sein Pfund nicht vergraben, ſondern damit wuchern, wirken — Gutes, auch bey Andern wirken, wo wir nur können — das heißt nur Gutes lieben. Die Liebe zum Guten iſt zwar nur ein Trieb; wo aber ein Trieb iſt, da wird auch Wirkung erfolgen, wenn anders keine Hinderniſſe in den Weg kommen; ſo wie ein gutes Triebwerk die Uhr gewiß in den Gang bringen und darin erhalten wird, wenn ſie nichts aufhält. Hinderniſſe finden ſich leider genug in der Welt, die oft auch den thätigſten Freund des Guten aufhalten und hindern, daß er nicht ſo Gutes wirken kann, wie er wol wünſcht. Aber — der Trieb, der gute Wille bleibt doch

doch da, und das ist bey unüberwindlichen Hindernissen schon genug, um mit Recht sagen zu können, daß man wahre Liebe zum Guten habe. Aber — o, der elenden Menschen, die immer von Liebe zum Guten sprechen, empfindsam davon reden, aber nie Gutes wirken! Sie sind die Maulfreunde, aber nie wahre Freunde des Guten. Will man den wahren Freund des Guten kennen, so höre man nicht auf Worte, sondern sehe auf Werke.

Ich habe aber noch die Bestimmung hinzugesetzt, daß das ein Kennzeichen wahrer Liebe zum Guten sey, wenn man hauptsächlich in seinem Fache alles Mögliche zur Vollkommenheit Anderer beizutragen suche, und das ist nöthig, um den wahren Freund des Guten von seinen modigen und empfindelnden Nachäffern zu unterscheiden. Der Beruf und das Amt, worin uns die Fürsehung gesetzt hat, ist der Standort, von wo aus ein jeder so viel Gutes für Andere wirken muß, als er kann, und den er nicht eher verlassen darf, als bis ihn entweder seine Kräfte verlassen, oder er einen andern Beruf von der Fürsehung bekommt, und ein Anderer seine Stelle wieder ausfüllet. So weit wir von diesem Standorte aus, ohne ihn zu verlassen, und unsere eigentlichen Berufsgeschäffte zu vernachläßigen, mit unserm Wirken reichen können, das gehört mit zu unserm Wirkungskreise. Sobald wir aber unsern angewiesenen Standort verlassen, und unsere uns anvertrauten Geschäffte vernachläßigen, um

an-

anderweitig etwas außer unserm Wirkungskreise zu thun, und wenns auch an sich gut wäre; so schaden wir damit der Vollkommenheit oder dem Besten des Ganzen mehr, als wir es befördern, und werden — geschäfftige Müßiggänger. Man denke sich eine Fabrique, worin jeder Arbeiter seine angewiesene Geschäffte hat, und diese Austheilung der Geschäffte so eingerichtet ist, daß ein jeder das Seinige gehörig verrichten muß, wenn das Produkt des Ganzen gut erfolgen soll. Ein einziger von diesen Arbeitern braucht nur sein angewiesenes Geschäffte liegen zu lassen, und sich um die Geschäffte eines Andern zu bekümmern: so wird gewiß das Ganze darunter leiden. Und gleichwol pflegt man heutiges Tages in dem weiten Herumgreifen nach fremden Geschäfften, worüber allemal die eigenen vernachläßiget werden, weil wir zu gleicher Zeit nur eins thun, wenigstens recht thun können, sehr oft die Liebe zum Guten zu setzen. Es fällt mehr in die Augen, wenn man sich hier und da auch außer seiner Sphäre zeigt; aber es ist auch nur bloßer Dunst, den man der Welt vormacht. Man untersuche nur einmal, wie solche Schwindler ihre angewiesenen eigenen Berufsgeschäffte verrichten: so wird man finden, daß ihre Liebe zum Guten weiter nichts, als Charlatanerie ist. Solche empfindelnde Freunde des Guten, wollen mit ihrer Liebe alles umfassen, und verlieren darüber das — den Armen, was ihrem Herzen doch am nächsten

sten liegt. „Sie lieben, wie Rousseau sagt, die Hottentotten, damit sie nur überhoben seyn mögen ihren Nächsten zu lieben. Manche wollen die ganze Welt erleuchten, und sehen darüber nicht, wie viel sie vor ihren Füßen, und in ihrem eigenen Dunstkreise noch aufzuklären haben.

3. Das dritte Kennzeichen der wahren Liebe zum Guten ist, wenn wir in der Beförderung desselben unser Vergnügen finden, uns dazu keine Mühe verdrießen und keine Zeit zu lange dauern lassen; sondern mit Geduld den guten Erfolg unserer Bemühungen von der Zeit erwarten, und in den Bemühungen selbst gerne ausdauern. Das alles liegt schon in dem Begriffe der Liebe. Die Liebe thut alles, was sie thun soll, mit Lust; ist nicht träge, sondern brünstig im Geiste, schicket sich in die Zeit, ist geduldig in Trübsal und fröhlich in Hoffnung. — sie hält an. Wollen wir sehen, was die Liebe für ihren geliebten Gegenstand vermag, so brauchen wir nur das personificirte Bild derselben — eine Mutter mit ihrem Kinde auf dem Schooße, zu betrachten. Wie viel Mühe macht ihr dieses Kind? Aber aus Liebe zu ihm thut sie alles mit Lust, und läßt sich nichts verdrießen. Wie langsam geht es mit der Erziehung des Kindes zu? Wie viel Monate gehen hin, ehe sie es von ihren Armen los werden; wie viel Jahre, ehe sie nur einigermaßen Früchte von ihrer mühsamen Erziehung einärndten kann? Aber — sie dauert in der

Hoffnung, daß doch endlich einmal aus dem Kinde etwas werden — daß sie einmal Freude daran erleben könne, geduldig aus. Freunde des Guten! jedes Nützliche, das ihr befördert, ist ein Erzeugniß von euch. Ohne Mühe bringt ihrs nicht zur Welt. Liebt ihr nur das Gute, so ist euch die Arbeit Lust. Das Gute läßt sich nicht gleich in einem Tage, Monate oder Jahre erzwingen. Gute Dinge wollen Weile haben. Sie finden Hindernisse und oft auch Widerstand. Nun bey jedem Hindernisse gleich verdroßen, oder muthlos werden; bey jedem Widerstande alles wegwerfen und davon gehen, hieße das nicht in Beziehung auf jenes gebrauchte Gleichniß, das Kind mit dem ersten Bade ausschütten? Unverdrossenheit und ausdauernde Geduld, ist fast eine noch wesentlichere Eigenschaft der wahren Liebe zum Guten, als der erste Eifer, mit welchem man das Werk angreift. Sie ist die sicherste Probe, daß sie nicht etwa in einer bloß oberflächlichen und bald verrauchenden Aufwallung des Herzens besteht; sondern tief in demselben liegt.

4. Das vierte Kennzeichen der wahren Liebe zum Guten ist, wenn man sich der Beförderung der Vollkommenheiten Anderer, auch ohne alle Vergeltungen, angelegen seyn läßt. Die Liebe suchet nicht das Ihre. Wer nur da Gutes wirket, wo er mit Lobe, Dank oder Geld dafür bezahlet wird der liebt den Lohn: aber nicht das Gute selbst. Er

hat gewiß noch keine Aehnlichkeit mit dem Vater des Guten, der auch gütig gegen die Undankbaren ist, und (welch ein Bild für verkannte Lehren!) seine Sonne aufgehen läßt über Böse und Gute.

5. Endlich, das letzte Kennzeichen der wahren Liebe zum Guten ist, wenn man sich desselben allenthalben, wo man es findet, auch an Andern freuet, auch an Andern es schätzet. Wer nur immer von allem Guten in seinem Fache das Monopolium haben möchte, und wenn er irgend davon etwas hie und da auch an Andern findet, es mit scheelen Augen und Unlust betrachtet, und neidisch es gerne wegtadelt, der liebet wahrlich nur sein werthes Ich; aber nicht das Gute selbst. Ein wahrer Freund des Guten freuet sich um desto mehr des Guten, wenn er es auch bey Andern findet. Denn er kann ja in der Welt, und auch nicht einmal in seinem Fache, alles Gute allein thun. Er muß Gehülfen haben. Ja! ein jeder muß sein Contingent dazu beitragen, wenn es im Ganzen befördert werden soll. Je mehr Beförderer des Guten — desto reichlicher die Aerndte, und desto mehr Freude für den wahren Freund desselben. Durch Schätzung und ein gut angebrachtes Lob des Guten, das wir an andern finden, feuern wir ja seinen edlen Eifer und Bestreben immer mehr an, und befördern so das Gute auch durch Andere. Obgleich der wahre Freund des Guten sich dadurch nicht in der Beförderung desselben hindern lassen muß,

muß, wenns auch nicht erkannt und gelobt würde; so bleibt er doch immer ein schwacher Mensch, der bey der gewöhnlichen Unerkenntlichkeit des großen Haufens es wol einmal zu seiner Stärkung nöthig hat, daß ihm wenigstens hie und da einmal ein Vernünftiger und Besserdenker mehr Gerechtigkeit widerfahren lasse, um nicht allen Muth und alles edle Zutrauen zu sich ganz zu verlieren, und ihn gegen unbilligen Tadel anderer einmal schadlos zu halten. Und der anmaßliche Freund des Guten wollte sich aus bloßer leidiger Mißgunst auch noch unter diese Tadler mischen, seinen mitarbeitenden Bruder auch diese einzige Stärkung, diesen einzigen Trost versagen? ihm, der vielleicht vor kurzem erst die Laufbahn des Guten zu betreten angefangen hatte, und nur erst noch mit schwachen Schritten darauf fortgeht, diese Stärkung versagen; oder wol gar durch Tadel ihn wieder davon zurückscheuchen? O! wie wäre der ein wahrer Freund und warmer Beförderer des Guten?

Dies, hochgeschätzte Freunde! sind meine Gedanken von der wahren Liebe zum Guten und ihren Kennzeichen.

Sie ist nun hauptsächlich für Schullehrer eine höchstnöthige Eigenschaft. Zwar ein jeder Mensch muß sie haben, wenn er auf die Würde, ein Mensch zu seyn, Anspruch machen will, und ein jeder Stand ist auch der dazu nöthigen Ausbildung der Seele fähig, ja, hat ein unwiderderſprechliches Recht, dieſe Seelenbildung von uns zu fordern. Denn man muß keinen Stand als ein bloßes mechaniſches Werkzeug der allgemeinen Wohlfahrt, oder als eine Art von Thier betrachten, das man nur zum Gebrauch abrichtet, und zwar nur ſo weit, als es ſeine Brauchbarkeit erfordert. Ein jeder Menſch iſt eines höhern Grades der Veredlung fähig, und es wäre Tiránney, ihn nicht ſo weit zu bilden und zu vervollkommenen, als es nach ſeiner Lage nur immer möglich iſt, und ihn ſo des höhern Selbſtgenuſſes ſeines Daſeyns fähig zu machen.

Vorzüglich aber iſt die Liebe zum Guten ein Bedürfniß für Volkslehrer überhaupt, und ſo denn auch für Schullehrer — ein Bedürfniß ſowol für ihren Geiſt, als für ihr Herz.

1. Ich ſage: ein Bedürfniß für ihren Geiſt. Denn da Schullehrer den Beruf haben, den Geiſt Anderer, und zwar gleich bey ſeiner Entwickelung in der Kindheit — und alſo in der entſcheidendſten Kriſe zu bilden: ſo ſetzt doch das wol eine eigene, und zwar keine ganz gemeine Geiſtesbildung voraus. Ich müßte hier, meine wertheſten Freunde, Ihrem edlen Streben, in Ihrem Fache ſich immer mehr zweckmäßige Kenntniſſe zu ſammlen, und Ihre bisherigen Einſichten immer mehr zu vervollkommnen, das rühmlichſte Zeugniß geben, wenn es Ihre Conferenz nicht ſchon thäte.

2. Aber

2. Aber — auch für Ihr Herz ist die Liebe zum Guten ein unentbehrliches Bedürfniß. Denn da Sie eben sowol das Herz, als den Verstand Ihrer jungen Zöglinge ausbilden sollen: so muß doch natürlicher Weise wol erst die Ausbildung Ihres eigenen Herzens zum Guten vorangegangen seyn, wenn es Ihnen dabey nicht an der so nöthigen Herzlichkeit fehlen — oder wol gar Ihr Betragen mit Ihren Lehren und Ermahnungen in Widerspruch kommen und sie vereiteln soll.

Das Schullehreramt ist überdem auch mit so vieler Mühe, mit so vielen niederschlagenden Hindernissen und Schwierigkeiten vergesellschaftet; die Schularbeit geht in ihrem nützlichen Erfolge oft nur mit so langsamen Schritten fort, und fordert so viel Geduld, unverdrossenes Ausdauern; wird so wenig oft anerkannt, geschätzet und belohnet, daß es wahrlich einer recht warmen Liebe zu dem Guten, das dadurch gestiftet wird, bedarf, um auf dieser Laufbahn nicht müde, ungeduldig und verdrossen zu werden. Ist aber diese in Ihrem Herzen erst herrschend: o, so kann es Ihnen nicht an Lust, Geduld, Muth und Kräften zur Schularbeit fehlen.

Ein Herz, das sich des Guten freut
Giebt zu der Arbeit Munterkeit,
Und zu dem Lehrgeschäffte
Stets regen Trieb und Kräfte.

Wir,

Wir, Ihre Mitarbeiter im Lehramte, freuen uns daher jederzeit, in mehr als einer Absicht recht herzlich, so oft wir Merkmale der wahren Liebe zum Guten an Ihnen wahrnehmen; besonders aber empfinden wir heute eine recht festliche Freude, da wir sehen, daß das Gute, was Sie in Ihrem Fache stiften können, Ihnen schon so sehr Herzensangelegenheit geworden ist, daß Sie den Tag, an welchem Sie durch Stiftung einer Schulkonferenz sich noch immer mehr dazu zu vervollkommnen angefangen haben, als ein Freudenfest feiern.

In dieser Liebe zum Guten stärke Sie denn Ihre heutige frohe Feier. Die Liebe zum Guten hat für die thätigen Freunde derselben schon hier ihren großen Lohn. Sie lohnet mit der reinsten, edelsten und entzückendsten Freude — mit der Freude zu sehen, wie viel Gutes man schon gewirket habe, einem Lohne für edle Herzen, dem jeder andere damit verbundene Vortheil, Verbesserung unserer äußern Umstände; ja, selbst der belohnende Beifall und das Lob gutdenkender und wohlwollender Menschen, weichen muß, und der nur von der noch höhern Freude, den Beifall Gottes zu haben, übertroffen wird. Und diese edle Freude stärke dann immer wieder zu neuem Streben nach dem Guten. Wer sie einmal genossen hat, der will sie immer noch mehr, und in noch höherem Grade genießen. Denn die Freude des Guten sättiget nicht, wie sinnliches Vergnügen; sondern macht noch immer,

mer, wenn ich so reden darf, lüsterner für fernern Genuß, und treibt daher immer mehr zum Guten fort.

Zwar findet das Gute hienieden noch nicht seinen ganzen Lohn. Das Gute nach seinem Werthe zu belohnen, dazu ist dieses Leben zu unvollkommen, zu kurz und zu arm. Nur erst die Ewigkeit hat dazu Anlage und auch Dauer — ist dazu reich genug. Dort haben also thätige Freunde des Guten erst ihren rechten vollen Lohn zu hoffen. Mit dem ersten Eintritte in die Ewigkeit wird er anfangen. Und nun bedenken Sie einmal, meine hochgeschätzten Freunde, ist heute Ihnen ein Tag, an dem Sie etwas Gutes anfiengen, schon ein Freudenfest; — was wird denn nicht einst erst der Tag der Vollendung alles Guten, was Sie hienieden vollbringen können, der Tag Ihres Eintrittes in die Ewigkeit seyn, wenn Sie von dort her, auf das hier vollbrachte Gute zurücksehen? Dort werden Sie dem Vater alles Guten alsdann für jede Erweckung zum Guten mit Engelfreuden danken. Da aber auch Ihr heutiges Fest dazu gehört: so glaub' ich, daß Sie es nicht schicklicher und besser, als mit innigem Lobe und Danke Gottes beschließen können. Wir alle stimmen mit inniger Rührung darin ein.

II.

Auszug aus dem Protocoll der Landschulkonferenz *) und der Verhandlung über die im Plane angegebene Beibringung der nöthigen Sprachkenntniß.

(Erstes Bändchen des deutschen Schulfreundes unter N. I. 1. Buchst. A. c. Seite 72.)

Von der nöthigen Sprachkenntniß, ihrer Erlernung und Uebung in Landschulen.

Was ist Sprachkenntniß?

Die Sprache ist das Mittel, wodurch vermittelst der Wörter und ihrer Zusammensetzung der Redende dem Hörenden und der Schreibende dem Lesen-

---

*) Das im 1sten Bändchen des Schulfr. bey Gelegenheit der Anzeige von unsern Schullehrerkonferenzen S. 74. wird hiermit dem Anfang nach erfüllt, und es soll, falls es unsern Lesern, wie hoffentlich, genehm seyn wird, mit Mittheilung ähnlicher Auszüge gelegentlich fortgefahren werden. A. d. H.

Lesenden seine Gedanken mittheilet. Die Sprache besteht aus Wörtern, und ein Wort ist (je nachdem es gesprochen oder geschrieben wird) entweder ein Laut oder ein Zeichen, womit man seine Gedanken an den Tag legt.

Daraus folgt, daß, wenn die Absicht der Sprache erreicht werden soll, beide, sowol der Redende oder Schreibende, als auch der Hörende oder Lesende, wissen müssen, welche Gedanken oder Begriffe man mit den Wörtern und ihrer Zusammensetzung verbindet, und auch beide **einerley** Gedanken oder Begriffe mit den Wörtern und ihrer Zusammensetzung wirklich verbinden. Denn sonst denkt sich der Hörende oder Lesende dabey im ersten Falle gar nichts, und im andern Falle etwas anders, als der Redende oder Schreibende, und erhält dadurch entweder gar keine Begriffe, oder doch andere, als er erhalten soll — unrichtige Begriffe. Soll aber jene Absicht auch außer diesen beiden, bey allen andern, die das Gesprochene hören oder das Geschriebene lesen, erreicht werden; so ist nöthig, daß man die allgemein angenommenen (das ist der Sprachgebrauch) und richtigen Begriffe mit jedem Worte und seiner Zusammensetzung mit andern verknüpfe. Die Verbindung der richtigen Begriffe mit den Wörtern und ihrer Zusammensetzung sowol bey dem Verstehen als Gebrauche der Sprache ist — **Sprachkenntniß**.

Wie nöthig ist sie?

Da man ohne Sprache (im weitläuftigen Verstande genommen; denn die eigentlich sogenannte Zeichensprache ist auch eine Sprache) Andern seine Gedanken gar nicht, und ohne richtige Sprachkenntniß auch nicht richtig, mittheilen kann; und diese richtige Mittheilung der Gedanken und Begriffe gleichwol zum Umgange mit Menschen, zur gemeinschaftlichen Betreibung unserer Geschäffte, zum geselligen Vergnügen, und insbesondere zu unserm Unterrichte, und einer großen Erleichterung der Vermehrung, Berichtigung und Aufklärung unsrer Begriffe, unentbehrlich ist; so muß ein jeder Mensch wenigstens eine Sprache richtig verstehen und gebrauchen können. Die erste und nöthigste Sprache, die wir von unserer Kindheit an lernen, heißt unsere Muttersprache. Diese seine Muttersprache muß also wenigstens ein jeder Mensch richtig verstehen und gebrauchen lernen.

In wie ferne muß auch in den Landschulen die Erlernung und Uebung derselben betrieben werden?

Auch der Landmann muß wenigstens seine Muttersprache (die bey uns die deutsche Sprache ist) richtig verstehen und gebrauchen lernen. Denn in dieser Sprache wird er von seiner Wiege an und hernach in der Schule und Kirche unterrichtet; lieſt in derselben seine Bibel und übrigen Erbauungsbücher; drückt im Geberhe und gottesdienstlichem Gesange

sange seine religiösen Empfindungen aus, erhält die Landesgesetze, die Befehle und Bescheide von seiner Obrigkeit, unterhält sich im gemeinen Leben mit andern, fordert in Geschäfften seine Bedürfnisse, und giebt darin seinen Untergebenen seine Befehle und Aufträge u. s. w. Aus dem Mangel an richtiger Kenntniß der deutschen Muttersprache können daher leicht bey ihm ganz falsche Begriffe von vielen natürlichen Dingen überhaupt, und insbesondere auch falsche Begriffe in der Religion und im gemeinen Leben nicht allein lächerliche, sondern auch schädliche Mißverständnisse, entstehen. Wie nachtheilig kann es ihm z. E nicht werden, wenn er Landesgesetze, obrigkeitliche Befehle, Verordnungen oder Rechtserkenntnisse unrecht versteht? wie viel Nachtheil kann auch selbst fürs gemeine Wesen daraus entspringen?

Da nun Schulen dazu bestimmt sind, daß Lehrer darin sowol durch mündliche Vorträge, als auch geschriebene Lehrbücher, den Kindern die Entwickelung, Vermehrung, Berichtigung und Aufklärung ihrer Begriffe erleichtern; bey ihnen den ersten Grund der Religionskenntnisse legen, und zum weitern Unterrichte in der Kirche und eigenem Lesen unterrichtender Bücher vorbereiten, und sie zugleich auch für das gemeine Leben zu vernünftigen Unterhaltungen in Gesellschaften, zur Betreibung ihrer Berufsgeschäffte und zur Ausübung ihrer Pflichten als Unterthanen, geschickt machen und bilden sollen;
so

so gehört auch die Beibringung und Uebung der richtigen Kenntniß in der deutschen Muttersprache ganz eigentlich in die Schulen; und das um desto mehr, weil sonst die Kinder, wenn sie keine richtige Begriffe mit den Wörtern verbinden lernen, auch den mündlichen Vortrag des Lehrers und die Lehrbücher entweder gar nicht, oder unrecht, verstehen, und durch den Schulunterricht entweder gar keine, oder, welches noch schädlicher ist, unrichtige Begriffe bekommen. Die Sprachübung hat in den Schulen überdem auch noch einen großen Nebennutzen. Denn indem man den Kindern richtige Begriffe von den Wörtern beyzubringen sucht, bringt man ihnen auch zugleich richtige Begriffe von den Dingen und Sachen selbst bey, welche die Wörter bezeichnen, und die Sprachübung wird auf diese Weise zugleich auch eine Berichtigung und Vermehrung ihrer Begriffe und nützliche Verstandesübung. Ganz vorzüglich ist aber die Uebung der richtigen Kenntniß der Muttersprache in unsern deutschen Landschulen, besonders hier in Niedersachsen, höchstnöthig, weil hier auf dem Lande plattdeutsch geredet wird, und dieses die hochdeutsche Mundart, welche doch auch bey Landleuten die Lehr- Befehls- und auch Bücher- und Briefsprache ist, ihnen fast halb unbekannt macht, und daher denn auch insbesondere auf dem Lande viel falscher Sprachgebrauch in dieser ihnen fremden Mundart herrschet.

Ein

Eintheilung der Sprachkenntniß.

Die Sprachkenntniß theilet sich selbst ganz natürlich in das richtige Verstehen, und in den richtigen Gebrauch einer Sprache ein. Wir verstehen eine Sprache richtig, wenn wir uns bey dem Laute der gesprochenen, oder bey dem Anblick der geschriebenen Wörter und ihrer Zusammensetzung, die das mit verbundenen Begriffe richtig denken. Wir gebrauchen eine Sprache richtig, wenn wir zu den Gedanken oder Begriffen, die wir Andern mittheilen wollen, die dazu bestimmten Wörter und Wortfügungen richtig zu wählen und auszusprechen oder zu schreiben wissen.

I. Von dem richtigen Verstehen der hochdeutschen Sprache.

Auch Landleute müssen die hochdeutsche Sprache richtig verstehen lernen, weil sie in dieser Mundart in der Schule und Kirche unterrichtet werden, darin die Bibel und übrigen Erbauungsbücher lesen, ihr Gebeth und ihren gottesdienstlichen Gesang verrichten, ihre Landesgesetze, obrigkeitliche Verordnungen, Befehle und gerichtliche Bescheide und Privatschreiben, erhalten, und sie auch im gemeinen Leben oft reden hören; welches alles sie sonst entweder gar nicht, oder doch sehr leicht falsch verstehen. Das meiste von der hochdeutschen Sprache lernen die Kinder nach und nach durchs Lesen und Hören von selbst verstehen. Es bleiben aber doch noch man-

manche Wörter und Redensarten, die sie von selbst nicht verstehen lernen, für den Schulunterricht übrig.

1) **Ueberhaupt im Lehrvortrage, Lehrbüchern und gemeinen Leben.**

A) Wörter, womit die Kinder noch keine richtige und deutliche Begriffe verbinden. Dahin gehören

a) die *philosophischen Kunstwörter*, welche auch bey den populärsten Vorträgen nicht ganz vermieden werden können. Z. B. Ursach, Wirkung, Bestimmung, Grund, Bewegungsgrund u. dgl., davon giebt der Rochowsche Catechismus der gesunden Vernunft Erklärungen, und zeigt auch die Anwendung derselben zu Verstandesübungen.

b) Theologische Kunstwörter, welche bey allen nöthigen Reinigungen des populären Lehrvortrags von gelehrter Schulsprache und Schulterminologien, doch noch beibehalten werden müssen. Z. B. Fürsehung, Rathschluß Gottes, Schicksal, Andacht ɪc.

c) Selbst im gemeinen Leben gängbare Wörter. Denn, wenn die Kinder auch durch öftern Gebrauch derselben sich einigermaßen Begriffe davon abstrahirt haben: so pflegen solche doch zu dunkel, unbestimmt, unvollständig und unrichtig zu seyn; und man klärt ihren Verstand

stand auch sehr auf, und führt sie zum richtigen Denken, wenn man ihnen von allen Wörtern deutliche, bestimmte und vollständige Begriffe beibringt. Z. B. arbeiten, Arbeit, arbeitsam; achten, Achtung, Hochachtung, Verstand, Vernunft ꝛc. Auch der Herr Seminarieninspektor Bastian hat davon im deutschen Schulfreunde (1s Bändchen, S. 117 ‐ 133 u. 2s Bändchen, S. 84 ‐ 92) schätzbare Beiträge geliefert, und zugleich praktische Regeln angegeben, wie ein jeder Lehrer solche Worterklärungen von den Kindern selber machen lassen kann.

B) **Wörter, womit der Landmann gemeiniglich ganz falsche Begriffe zu verbinden pflegt.**

So hat Concipient vielfältig bemerkt, daß Landleute hier in seiner Gegend sich z. B. bey Großmuth, Hochmuth; bey Niederträchtigkeit, Demuth; bey Aergerniß, Aerger oder Verdruß; bey Leidenschaft, Leiden denken *), und mit dem ehrwürdigen Worte

---

*) So sagen sie auch, dies oder jenes sey schadlos für schadhaft — beschädigt. Diese oder jene habe so eine Tugend, statt Untugend, an sich, und ein Prediger ward von einem Bauer seiner Gemeinde, der Meinung desselben nach, gegen mich sehr gelobt: daß er ein gar allzuniederträchtiger (herablassender, populärer) Mann sey. A. D. H.

te beten den entehrenden und schädlichen Nebenbegriff des gedankenlosen Hersagens des Auswendiggelernten verbinden; weil bey ihnen der falsche Sprachgebrauch herrscht, daß sie von einem Kinde, welches aus dem Katechismus, oder aus einem andern Buche etwas Auswendiggelerntes hersagt, zu sagen pflegen: das Kind betet; und zum leidigen Beweise, daß sie wirklich die Idee des Betens in ihren Begriff von den gedankenlosen Herplerren des Auswendiggelernten mischen, steif darauf halten, daß auch bey solchem Hersagen das Kind die Hände falten muß. Was für schädliche Mißverständnisse von Lehrvorträgen und auch von Religionspflichten und Handlungen müssen aus solchem falschen Sprachgebrauch entstehen! Es ist daher für jeden Lehrer äußerst wichtig, auch darauf mit allem Fleiß zu achten, sich alle die Wörter, welche man auf diese Weise falsch versteht, zu merken, und durch richtige Erklärung solcher mißverstandnen Wörter, schon frühzeitig in der Schule ihrem schädlichen Mißverstande zuvor zu kommen. Selbst auf der Kanzel können solche Worterklärungen sehr gut und nützlich angebracht werden, um auch bey den Erwachsenen, die in der Schule noch keine richtige Sprachkenntniß erlangt haben, solche Mißverständnisse zu verhüten.

C) Wörter, welche die Kinder wegen Aehnlichkeit mit andern Wörtern ganz falsch zu verstehen pflegen.

a) Die

a) Die einen ähnlichen Laut haben, und sich nur durch die Schreibart unterscheiden. Z. B. Fluch, Flug und Pflug, Teich und Teig, Saite und Seite, Waise und Weise, sinnlich und sündlich ꝛc.

b) Die wegen ähnlicher Redensarten leicht von ihnen mißverstanden werden. So hat man Beispiele, daß Kinder von dem Worte Beifall sich den Begriff Erinnerung oder Gedächtniß machten, weil man von der Erinnerung zu sagen pflegt: mir ist das beigefallen.

D) Wörter, die mehrere und verschiedene Bedeutung haben.

Zum Exempel: Welt bedeutet das Weltall, oder die ganze Schöpfung; aber auch oft nur unsere Erde, oder die Menschen auf Erden, oder auch nur die bösen Menschen auf Erden, je nachdem es der Context mit sich bringt; und da müssen die Kinder angeführt werden, den dermaligen Begriff des Worts, aus dem Zusammenhange zu erforschen. So ist es auch mit den Wörtern Natur, Geist ꝛc.

2) **Insbesondere in der Bibel und ältern Gesangbüchern.**

Da giebt es

A) veraltete deutsche Wörter. Z. B. fürbaß, endelich, rügen, lecken, thürstiglich, Afterreden, Leumund ꝛc. Hieher gehören alle thüringischen Provinzialismen, deren sich Luther in seiner

Bibelübersetzung bedient hat, und welche in Niedersachsen größtentheils unbekannt sind.

B) Wörter, die aus unbekannt gewordnen Gebräuchen erklärt werden müssen. Z. B. Bann, Fehde ꝛc.

C) Wörter, die aus der hebräischen oder griechischen Sprache, und dem morgenländischen Sprachgebrauche erklärt werden müssen. Z. E. Mammon, Meßias, Halleluja, Christus, Amen, Mann Gottes, Berg Gottes, Jesus ist der Weg, die Wahrheit und das Leben ꝛc.

D) Uneigentliche, bildliche oder metaphorische Wörter und Redensarten. Z. B. Licht, Finsterniß, Vater des Lichts, Kinder des Lichts, Kinder der Finsterniß, Kinder des Unglaubens, Zorns, Brod des Lebens, Fleisch, Jesum anziehen u. s. w.

Die Kinder müssen von der eigentlichen oder uneigentlichen und bildlichen, buchstäblichen oder abgeleiteten Bedeutung solcher Wörter unterrichtet, und dann angeleitet werden, aus dieser Aehnlichkeit und dem Zusammenhange den Sinn des Wortes heraus zu bringen. Das kann am besten durch eine sokratische Unterredung geschehen. Um ein Beispiel davon zu geben, wie Wörter von N. 1. D. und N. 2. A. B. C. D. auf diese Weise zu erklären sind, wollen wir hier ein solches Sokratisches

Gespräch über eine Schriftstelle, die ganz bildlich ist, zum Beschlusse anfügen, über

Joh. 8, V. 12.

Ich bin das Licht der Welt; wer mir nachfolget, der wird nicht wandeln in Finsterniß; sondern wird das Licht des Lebens haben.

Fr. Wer redet hier? Antw. Jesus.

— Was sagt er, wer er sey? — Das Licht der Welt.

— Was versteht man wol unter dem Worte Welt im aller weitläuftigsten Verstande? — Die ganze Schöpfung — alles, was der liebe Gott erschaffen hat!

— Welcher Weltkörper geht uns wol zunächst und am meisten an, und was nennen wir daher wol im engern Verstande unsere Welt? — Unsere Erde.

— Was versteht man darunter, wenn man sagt: Das Dorf ist heraus ins Feld gegangen? — Die Menschen im Dorfe.

— Was kann man also auch noch unter dem Worte Welt verstehen? — Die Menschen in der Welt.

— Woher bekommt die ganze Schöpfung oder das Weltall ihr Licht? — Von den Sonnen.

— Woher bekommt es unsere Erde? — Von ihrer Sonne.

— War Jesus eine solche Sonne? — Nein.

Fr.

Fr. Kann er sich also wol in diesem Falle das Licht der Welt nennen, und unter Welt das Weltall oder unsere Erde verstehen? Antw. Nein!

— Was kann er nun aber unter der Welt hier noch sonst verstehen? — Die Menschen auf unsrer Erde.

— Wessen Licht nannte sich dann Jesus hier? — Das Licht der Menschen auf unsrer Erde.

— Ist die Sonne nicht auch das Licht der Menschen auf unsrer Erde? — Ja!

— Du hast gesagt: Jesus sey keine Sonne gewesen. Kann sich also wol Jesus in dem Verstande das Licht der Menschen nennen, in welchem es die Sonne ist? — Nein!

Also muß das Wort Licht auch noch einen andern Verstand haben; und man kann auch manche Wörter in mehrerley Verstande nehmen. Man kann einmal die Sache selbst darunter verstehen, welche es zunächst bezeichnen soll, und dann nimmt man es im eigentlichen Verstande. Es giebt aber auch Dinge, die Aehnlichkeiten oder auch ähnliche Wirkungen mit dieser Sache haben, und womit man sie vergleichen kann; und von diesen Dingen gebraucht man alsdann das Wort im uneigentlichen Verstande. Man nennt das auch den bildlichen Verstand oder Sinn, weil das Wort uns alsdann nicht das eigentliche Ding selber bezeichnet; sondern nur ein ähnliches Bild davon giebt.

Fr.

Fr. Was thut ein Licht? — Antw. Es leuchtet.
— Und wenn es wohin leuchtet, wie wird es daselbst? — Helle!
— Und wenn ein Licht etwas beleuchtet und helle macht, was können wir dann? — Es sehen.
— Wenn du ein Ding mit Aufmerksamkeit besiehst, kannst du es dann erkennen? — Ja!
— Was haben wir also für Wirkung und Nutzen von einem Lichte? — Daß wir etwas erkennen.
— Wenn wir nun sagen: die Sonne ist unser Licht, ist alsdenn die Sonne das, was wir zunächst unter einem Lichte verstehen? — Ja!
— In welchem Verstande nehmen wir alsdenn das Wort Licht? — Im eigentlichen Verstande.
— Giebt es aber nicht noch andere Dinge, welche machen, daß wir etwas erkennen, außer der Sonne und auch anderm Lichte? (das Kind schweigt.)
— Besinne dich einmal. Mache ich jetzt nicht auch, daß du etwas erkennest? — Ja!
— Wodurch? — Durch Lehren.
— Was bin ich also, da ich lehre? — Ein Lehrer.
— Macht ein Lehrer auch, daß die Menschen etwas erkennen? — Ja!
— Kann man daher nicht auch einen Lehrer das Licht der Menschen nennen, weil er eben wie das Licht es macht, daß die Menschen etwas erkennen? — Ja!

Fr. In welchem Verstande wird alsdenn das Wort Licht genommen, wenn es von solchen Dingen gebraucht wird, die nur ähnliche Wirkungen mit dem eigentlichen Lichte haben? – Antw. Im uneigentlichen Verstande.

— Was könnte also Jesus wol im uneigentlichen Verstande damit haben anzeigen wollen, wenn er sagt: Ich bin das Licht der Welt? — Ich bin der Lehrer der Menschen.

— Ist er das gewesen? — Ja.

— Womit erkennest du etwas, das dir das Licht helle und erkennbar macht? — Hast du etwas an deinem Körper, womit du das beleuchtete Ding erkennest? — Ja, mit den Augen.

— Aber sind die Augen allein schon hinreichend, es zu erkennen? Wie, wenn du ein Ding zwar ganz helle mit den Augen sähest; aber nicht wüßtest, was es für ein Ding sey, bekämest du alsdenn durch deine Augen allein schon Erkenntniß davon? — Nein!

— Was wäre alsdenn wol noch weiter nöthig? — Daß ich auch davon belehrt würde.

— Hat Jesus die Menschen belehrt? — Ja!

— Womit ist er also das Licht der Welt gewesen? — Mit seiner Lehre.

— Welches ist wol das größeste und allgemeinste Licht auf unserm Erdboden? — Die Sonne.

— Ja! denn diese ist nicht allein der größeste, feurige und leuchtende Körper; sondern beleuchtet auch

auch nach und nach unsern ganzen Erdboden. Was will also wol Jesus auch damit sagen, daß er sich mit der Sonne vergleicht? Antw. Daß er der größte und allgemeinste Lehrer der Menschen sey.

Lehrer. Das ist er auch gewesen; denn er hat mit seiner Lehre schon einen großen Theil des menschlichen Geschlechts erleuchtet, und wird es noch immer weiter erleuchten. Es hat noch kein Lehrer auf der Welt gelebt, der eine vortrefflichere Lehre gepredigt, und sie so weit verbreitet hätte, als Jesus.

Nun siehst du also, wenn Jesus spricht: Ich bin das Licht der Welt, so will er damit sagen: Ich bin der größeste und allgemeinste Lehrer des Menschengeschlechts; ich verbreite, so wie die Sonne (die so eben aufgieng, als er im Tempel dieses sagte) durch ihre Lichtstrahlen nach und nach in der ganzen Körperwelt Licht verbreitet, durch meine Lehre auch unter den Menschen immer mehr Erkenntniß.

Anwendung aufs Herz der Kinder.

1) Wir bewundern und lieben die Sonne und schätzen sie sehr hoch, ihres Glanzes, ihrer mächtigen und wohlthätigen Wirkungen wegen. Wie viel mehr Bewundrung und Hochachtung verdient Jesus, als der größeste und allgemeinste Lehrer der Welt und auch unser Lehrer!

2) Einige heidnische Völker beteten die Sonne an. Mit wie viel mehrerm Rechte gebühret Jesu unsere Anbetung.

3) Wir haben Ursach, Gott für die Wohlthaten, welche er uns durch die Sonne zufließen läßt, zu danken. Wie viel mehr noch müssen wir Gott für die Sendung Jesu, und die Wohlthaten seiner Lehre danken.

Jesus sagt aber ferner: Wer mir nachfolget, der wird nicht wandeln in Finsterniß; sondern wird das Licht des Lebens haben. Die damaligen jüdischen und griechischen Lehrer hatten allenthalben, wo sie giengen und stunden, beständig ihre Lehrlinge oder Schüler hinter und bey sich; damit sie alle ihre Lehren hörten. Daher folgten denn auch die Jünger Jesu allenthalben, wo er hingieng, nach.

Fr. Wen konnte Jesus nun also hier wol unter denen, die ihm nachfolgten, verstehen? Antw. Seine Jünger.

— Was machten die Jünger bey diesem ihrem Lehrer? — Sie lernten von ihm.

Ja! sonst hätten sie ja auch keinen Nutzen davon gehabt, daß sie Jesu immer nachfolgten. Das wollte er auch nach Matth. 11, V. 29. und die Jünger waren daher Lehrlinge oder Schüler, die von ihrem Lehrer etwas lernten.

Fr.

Fr. Hilft uns das aber wol was, wenn wir viel Gutes lernen, und es nicht auch thun? Antw. Nein, wir müssen es auch thun.

— Wollte Jesus, daß seine Jünger das Gute, das sie von ihm lernten, auch thun sollten? — Ja, Allerdings! Joh. 15, V. 8. Gute Schüler richten sich auch nach den Vorschriften und Lehren ihrer Lehrer.

Fr. Sage mir nun einmal: was versteht Jesus also hier darunter, wenn er sagt: wer mir nachfolget? Antw. Wer von mir viel Gutes lernt und es auch thut.

Nun davon versprach ihnen denn Jesus auch viele Vortheile. Wer mir nachfolget, sagt er, der wird nicht wandeln in Finsterniß.

Fr. Was brauchen wir jetzt für ein Wort statt wandeln? Antw. Gehen.

— Jesus sagt also: wer von mir viel Gutes lernt und es auch thut, der wird nicht gehen in Finsterniß. Ist Jesus mit seinen Jüngern niemals bey Nacht und in Finsterniß gegangen? — O ja! z. B. den Abend vor seinem Tode, als er mit ihnen spät noch nach dem Garten Gethsemane hinaus gieng.

— Kann er also hier wol Finsterniß im eigentlichen Sinne verstehen? — Nein!

— In welchem Verstande müssen wirs also annehmen? — Im uneigentlichen Verstande.

Nun

Nun, so muß denn etwas seyn, womit die Finsterniß eine Aehnlichkeit hat, wovon sie ein Bild ist. Suche das nun einmal auf? —

(Das Kind weiß sich nicht darauf zu besinnen.)
Fr. Was ist wol das Gegentheil von der Finsterniß? Antw. Das Licht.

— Womit verglich Jesus vorher das Licht? — Mit einem Lehrer.

— Wenn die Sonne aufgeht, oder ein Licht ins Zimmer gebracht wird, pflegt man alsdenn nicht zu sagen: es wird Licht? — Ja!

— Versteht man alsdenn unter dem Lichte die Sonne oder das Licht selbst, oder nur die Wirkung davon? — Die Wirkung.

— Sollte man also nicht auch oft unter dem bildlichen Worte Licht, wobey man sich einen Lehrer denkt, auch die Wirkung seiner Lehre verstehen können? — Ja!

— Was wirkt denn ein Lehrer bey denen, die ihn aufmerksam hören? — Erkenntniß.

— Wenn nun also Licht auch oft so viel als Erkenntniß, bedeutet, was bedeutet das Gegentheil, nämlich Finsterniß, in einem solchen uneigentlichen Verstande? — Unwissenheit.

— Was heißt also in Finsterniß wandeln oder gehen? — In Unwissenheit leben.

— Was für Aehnlichkeit hat die Finsterniß mit der Unwissenheit? — Beide verhindern uns, etwas zu erkennen.

Fr.

Fr. Kann aber der, welcher im Finstern geht, nicht auch noch mehr Schaden davon haben, als den, daß er nichts um sich her erkennen kann? Antw. Ja, er kann auch leicht fallen und Schaden nehmen.

— Kann derjenige, der in Unwissenheit lebt, und viel Gutes nicht erkennt, nicht auch einen ähnlichen Schaden von seiner Unwissenheit haben? — Ja, er kann leicht ins Böse fallen, und sich dadurch unglücklich oder elend machen.

Jesus setzt noch hinzu: sondern wird das Licht des Lebens haben.

Fr. Was hieß Licht im uneigentlichen Verstande? Antw. Erkenntniß.

Lehrer. Nun, Leben heißt in der heil. Schrift sehr oft, im uneigentlichen Verstande, so viel als glückliches Leben, oder auch die ewige Seligkeit. 1 Petr. 3, V. 10. Luk. 10, V. 28.

Fr. Was heißt also Licht des Lebens? Antw. Die Erkenntniß, wie man glücklich leben und selig werden kann.

Lehrer. Recht. Zeitlich und ewig beglückende Erkenntniß.

Anwendung auf das Herz der Kinder.

Nun, das ist doch ein überaus herrlicher Vortheil, den wir von Jesu und seiner Lehre haben können! Wir brauchen nun nicht mehr in Unwissenheit zu leben, sind nun nicht mehr in so großer Gefahr aufs Böse zu verfallen, und dadurch elend zu

wer-

werden; sondern können durch seine Lehre eine zeitlich und ewig beglückende Erkenntniß erhalten. Das ist doch wol der Mühe werth, daß wir diese herrlichen Vortheile uns durch die Lehre Jesu zu erwerben suchen.

Fr. Was sagt er, was sollen wir thun, wenn wir sie uns erwerben wollen? Antw. Wir sollen ihm nachfolgen.

— Was hieß das? — Wir sollen von ihm viel Gutes lernen, und es auch thun.

Lehrer. Nun das thut denn, liebe Kinder! Lernet recht viel Gutes aus der Lehre Jesu. Seyd daher recht aufmerksam, so oft euch davon etwas gelehret wird, und behaltet es. Aber thut es denn auch — werdet so gesinnt und lebet so, wie es die Lehre Jesu fordert, so könnt ihr recht glücklich werden u. s. w.

II. Von dem richtigen Gebrauche der hochdeutschen Sprache.

Da es ein Mittel ist, eine Sprache desto besser zu verstehen, wenn man sie selbst richtig gebrauchen lernt, und die hochdeutsche Mundart doch die Lehr- und Befehlssprache, auch für den Landmann ist; da ferner auch die Landleute, wenn sie gleich unter einander plattdeutsch in unserer Gegend reden, doch im Schreiben sich der hochdeutschen Sprache bedienen, und auch manchesmal mit andern hochdeutsch reden müssen oder wollen: so ist es allerdings

dings nöthig, daß sie die hochdeutsche Sprache auch richtig gebrauchen lernen. Ihre Kindheit ist das bequemste Alter, und die Schule die beste Gelegenheit dazu. Zum richtigen Gebrauch der hochdeutschen Sprache ist aber nöthig

1) Daß die Kinder mit den Worten und Redensarten dieser Sprache auch richtige Begriffe verbinden lernen. Denn wer selber keine richtige Begriffe damit verbindet, der kann sie auch nicht richtig gebrauchen.

Von dieser Verbindung richtiger Begriffe mit den Worten und ihrer Zusammensetzung ist schon im vorhergehenden gehandelt.

2) Daß sie die hochdeutsche Sprache auch grammatikalisch richtig sprechen und schreiben lernen. Eine ganz genaue grammatikalische Richtigkeit im Schreiben und Sprechen, ist wol in Landschulen nicht zu bewirken; weil es ausgemacht ist, daß für diejenigen, die keine andere Sprache kunstmäßig gelernt haben, sich auch keine recht bestimmte und deutliche Sprachregeln angeben lassen. Sie ist auch für Landkinder nicht nöthig. Es ist für diese genug, wenn sie nur die gröbesten Fehler vermeiden lernen, und wissen

A) Mit dem Artikel der, die, das, das Geschlecht der Wörter richtig anzugeben. Hier kann man weiter nichts thun, als ihnen zeigen, wie man mit dem Artikel der, die Wörter vom männlichen Geschlechte; die, die
Wör-

Wörter vom weiblichen Geschlechte, und mit dem Artikel das, solche, die weder von dem einen noch dem andern Geschlechte sind, bezeichnen. Uebrigens kann man ihnen nur höchst wenige sichere Regeln zur Bestimmung des Geschlechts der Wörter geben. Z. B. daß alle Namen der Männer vom männlichen, und alle Namen der Weiber vom weiblichen Geschlechte sind u. s. w.

Das übrige müssen sie aus dem Gebrauche durch Uebung lernen.

B) Die Hauptwörter, ihre Beiwörter und auch die Fürwörter richtig zu decliniren.

a) Die Hauptwörter, sowol nach ihrem Artikel, als auch ihrer Endigung richtig zu decliniren, und in der Rede den rechten Fall (Casus) zu setzen. Das erste kann auch nur durch Uebung, und das letzte nach den bekannten Fragen: wer, wessen, wem ꝛc. gelehret werden.

b) Die Beiwörter mit ihrem Hauptworte nach dem Geschlechte, Casus und der Zahl (Numerus) richtig zu verbinden.

c) Die Fürwörter (Pronomina) richtig nach obiger Regel: wer, oder was, wessen ꝛc. zu decliniren, daß sie nicht dir für dich, mir für mich, ihnen für sie, und umgekehrt, setzen: denn darin wird am meisten gefehlt.

C) Die Zeitwörter richtig zu conjugiren.

D) Nur

B) Nur die allernöthigsten Syntactischen Regeln zu beobachten. Daß sie zu den Zeitwörtern die Hauptwörter in den gewöhnlichsten Fällen nur in den rechten Casus setzen, und nur die vornehmsten Ausnahmen davon wissen. Z. B., daß bey dem Zeitworte lehren das Haupt- und sein Beiwort im Accusativo oder vierten Casu stehen müsse u. dgl.

3) Daß sie auch die deutsche Sprache orthographisch richtig schreiben lernen.

Davon ist schon in dem Kapitel vom Schreiben ausführlich gehandelt.

4) Endlich, daß sie auch einige Fertigkeit erlangen, hochdeutsch richtig zu sprechen. Diese wird, so wie eine jede andere Fertigkeit, nur durch Uebung und Gewohnheit erlangt. Auch Landkinder müssen daher im hochdeutschen Sprechen geübet werden. Dazu sind folgende praktische Regeln zu empfehlen:

A) Der Lehrer halte die Kinder dazu an, daß sie mit ihm nicht anders als hochdeutsch sprechen. Drücken sie sich, wenn sie ihm etwas zu sagen haben, unrecht aus; so stelle er sich, als hätte er's nicht verstanden, (denn sobald man geradezu tadelt, macht man die Kinder furchtsam und stumm) und gebe sich aufs Fragen. Z. B. ein Kind sagte: Herr Cantor, ich soll meinen Bruder erlauben, er kann nicht in die Schule kommen;

Schulfreund, 5s Bdn. D

so wäre die Frage: Wem sollst du erlauben? Antw. meinem Bruder. — Was sollst du ihm erlauben? — Daß er aus der Schule bleiben kann. — Kannst du deinem Bruder erlauben, aus der Schule zu bleiben? — Nein! Sie können es erlauben. — Wie mußtest du nun sagen, daß ichs verstehen konnte, was du mir zu sagen hattest? — Wollen Sie meinem Bruder erlauben, heute aus der Schule zu bleiben?

B) Man halte die Kinder dazu an, wenigstens in der Schule, auch unter einander hochdeutsch zu sprechen. Dazu ist nun freilich unter den Schulstunden wenig oder gar keine Gelegenheit. Wäre es aber nicht gut, wenn man vor den Schulstunden beim Versammlen der Kinder (bey welchem ein jeder dienstfleißiger Lehrer schon gegenwärtig ist) ihnen manchesmal erlaubte, laut mit einander hochdeutsch zu reden, und dann ihre Fehler verbesserte?

C) Man lasse sich von den Kindern fleißig seinen Vortrag in hochdeutscher Sprache wieder erzählen. Der Lehrer findet dabey die beste Gelegenheit, auch die Sprachfehler der Kinder zu verbessern. Da aber dieses Wiedererzählen, insbesondere Anfängern schwer wird; so nehme man es Anfangs nicht gar zu genau; sondern lasse manchen Fehler, wenn er nur nicht den Sinn verstellt, durchgehen, und verbessere nur nach gerade die Sprachfehler so, daß das Kind da-

durch

durch nicht beschämt wird, damit es nicht furchtsam, sondern immer freimüthiger werde und gern erzähle.

D) Man stelle bisweilen folgende eigentliche Sprachübung an: man gebe Wörter auf, und lasse die Kinder daraus einen Redesatz bilden. Z. B. Fleißig, Kinder, Schule, lernen, nützlich. Das setzt das Kind so zusammen: Fleißige Kinder können in der Schule viel nützliches lernen. Ein anderes so: Nur fleißige Kinder lernen in der Schule viel Nützliches. Ein drittes so: Kinder müssen in der Schule fleißig seyn, wenn sie viel nützliches lernen wollen.

Dieses ist nicht allein eine Sprach- sondern auch Verstandesübung, und zugleich angenehme Beschäfftigung für die Kinder.

Anhang.

Was kann und muß in Landschulen von fremden Sprachen getrieben werden?

Es ist zwar überhaupt Regel in Landschulen beim Vortrage sich aller Wörter aus fremden Sprachen zu enthalten, und selbst die Kunstwörter deutsch zu geben. Da aber aus fremden Sprachen, insbesondere aus der lateinischen und französischen, viele Wörter in unsre deutsche Sprache aufgenommen sind, so, daß sie im gemeinen Leben täglich vorkommen, und man sich auch vorzüglich derselben in Gesetzen, Edicten, Verordnungen und

Acten *) bedient; so ist es auch nöthig, daß sie solche

1) **verstehen lernen.** Z. B. was Acten, Protocoll, Memorial, Attestat, conferiren, deferiren, praesentiren, Contrebande u. s. w. bedeute. Die Landschulbibliothek liefert davon ein erklärendes Verzeichniß, welches ein jeder Lehrer noch vermehren kann.

2) **Richtig gebrauchen lernen.**

A) Daß

---

*) Es wäre zu wünschen, daß die Herren Juristen immerhin auch endlich aufhörten den armen deutschen Bauer mit ihrem schönen Latein zu äffen, und in die Verlegenheit zu bringen, Prediger und Schullehrer zu überlaufen, und sich bey ihm in den Verdacht zu setzen, daß hinter dem Latein gemeiniglich etwas Verfängliches stecke. Immer noch sieht man ja dergleichen Schriften, die ein sehr buntes Ansehn haben. (Das vortreffliche neue Preußische Gesetzbuch hat eine schöne Ausnahme von der bisherigen Regel gemacht!) Gelehrt läßt das wol; ists aber nicht, sondern eitel Pedanterei, wovon sich doch so Mancher fern glaubt, und sie dem armen Schulmeister, der ihrer oft weniger hat, aufbürdet. Ein Schäfer beschwerte sich neulich sehr ängstlich: daß er Gerichtswegen verdammt sey wegen Abhäutung für seine Knechte in Sodom, (in Solidum) zu haften, und bat um Erklärung. Denn von Sodom hatte er nichts Gutes im Kopfe.

A. d. H.

A) Daß sie solche fremde Wörter und Redensarten da gebrauchen, wo sie den richtigen Sinn derselben ausdrücken wollen. Das folgt aus dem vorigen, wenn sie dieselben richtig verstehen gelernt haben. Aus einem unrichtigen Gebrauch können oft lächerliche oder auch schädliche Mißverständnisse entstehen. Z. B. ein gewisser Bauer wollte mit einem andern vor Gerichte einen sehr billigen Vergleich machen, und ihn zu Protocoll nehmen lassen. Der Richter hatte des ehrlichen Mannes Forderungen, weil er sich vermuthlich nicht deutlich genug erklärt hatte, unrecht verstanden, und in dem Protocoll höher angesetzt, als seine Meinung war. Er las ihm das Protocoll vor, und befahl ihm, es nun zu unterschreiben. Der Bauer, der seine Forderung darin höher protocollirt fand, als sie seyn sollte, sagte: ich präsentire das nicht. Er wollte sagen: er prätendirte das nicht. (Denn hier sagt gewöhnlich der Landmann präsentiren, statt prätendiren) Der Richter, der keine bloße unrichtige Aussprache des Worts prätendiren ahndete, sondern glaubte, daß der Bauer unter dem präsentiren, unterschreiben verstehe, und sich dessen weigere, wiederholte seine Forderung, und da der Bauer bey seiner Weigerung beharrte; so wäre dieses Mißverständnisses wegen bald der ganze Vergleich zurückgegangen, und der ehrliche Mann hätte sich leicht bey aller seiner großen Billigkeit den Unwillen des Richters, bloß durch ein unrecht gebrauchtes und mißverstandnes lateinisches Wort, zuziehen können. Es ist daher auch nöthig,

B) daß sie solche fremde Wörter auch richtig aussprechen lernen. Z. B. nicht, wie hier auf dem Lande gewöhnlich, Murjahl oder Marmorial, statt Memorial; Attestat, statt Attestat; Scharsö, statt Chaussée u. dgl. sagen.

C) Daß sie solche fremde Wörter auch richtig schreiben lernen.

Schließlich ist hiebey jedem Schullehrer zu empfehlen, die Kinder fleißig dazu anzuführen, daß sie die lateinische Schrift, und auch deutsch mit lateinischen Buchstaben schreiben lernen; damit dadurch auch zur künftigen wünschenswerthen Abschaffung der alten gothischen oder sarmatischen deutschen Schrift, die schwerer lesen und schreiben zu lernen, und gedruckt und geschrieben so sehr verschieden ist, vorbereitet werde.

III.

III.

Eine Anweisung zum katechisiren für einige Kandidaten des Schulamts unter den Schülern zu Osterwick.

Aufgesetzt von L. L. Schmahling, Inspektor.

Erklärung der Katechisation.

§. 1. Katechisiren heißt unterrichten, welches bequem durch Frage und Antwort geschiehet; weil man dabey die Kenntnisse der Schüler erforschen, und sie im eignen Denken üben kann. Es ist unterschieden vom examiniren, dadurch man nur erfahren will, was Andre wissen, nicht aber eigentlich lehren. Man muß also bey dem katechisiren nicht nur fragen, sondern auch lehren und erklären, was die Schüler noch nicht wissen, und überhaupt nichts fragen, als wovon man voraus sehen kann, daß es die Schüler wissen können.

Eigenschaften des Katecheten.

§. 2. Weil hier von religiösen und moralischen Katechisationen die Rede ist, so muß der Katechet

1) eine hinlängliche Erkenntniß der christlichen Glaubens- und Sittenlehre haben, und sich überhaupt in der Schule, durch das Lesen guter Bücher,

cher, aus Predigten und Unterredungen und durch eignes Nachdenken, einen Schatz guter Kenntnisse sammlen; die er bey dem katechisiren anbringen kann.

2) Eine Fertigkeit im denken besitzen, richtige Erklärungen machen, Ursachen und Wirkungen entdecken, Unterschied und Uebereinstimmung der Sachen bemerken, Beweise finden, und seine Begriffe gehörig entwickeln können.

3) Der Sprache mächtig seyn, und eine Fertigkeit im Vortrage haben.

4) Sich auf das (Pensum) Lehrstück, darüber er katechisiren soll, gehörig vorbereiten, die Sachen durchdenken, und in seinem eignen Kopfe in Ordnung bringen, damit er Sachen und Worte vorräthig hat, die er vortragen will.

5) Allezeit gegenwärtigen Geistes seyn, damit er den Faden nicht verlieret und stecken bleibt, sondern von den Antworten der Schüler gehörigen Gebrauch machen kann.

6) Geübten Katecheten zuhören und sie nachahmen.

7) Nicht nur lehren und erklären, sondern auch ermahnen, warnen, und von den Lehren die gehörige Anwendung auf das Herz und Leben machen.

Eintheilung der Katechisationen.

§. 3. Die Katechisationen werden gehalten

1) über einen Text, eine Frage aus dem Katechismus oder einen Spruch aus der Bibel.

2) Ueber

2) Ueber eine gewisse Glaubens- oder Sittenleh-
ris, z. E. die Erlösung; eine Pflicht u. dgl.
3) Ueber eine biblische oder andre Geschichte aus
dem Kinderfreunde.
4) Ueber die Bibel selbst, bey der Lesung derselben.
5) Bey dem Gebeth aus dem Herzen.

Katechisation über einen Text.

§. 4. Bey der Katechisation über einen Text
muß man

1) die Frage oder den Satz (nachdem er ein oder
einigemal, erst vom Lehrer und dann von einem
Kinde vernehmlich und richtig vorgelesen worden) aus dem Katechismus, oder den Spruch,
darüber katechisirt werden soll, zergliedern, das
ist: die darin enthaltnen Begriffe und Sachen
durch kleine Fragen auseinander setzen und zertheil-
len, welches durch Uebung gelernt wird.

2) Bey der Zergliederung müssen die Sachen,
welche den Schülern unbekannt sind, nach der
Ordnung des Textes erkläret und deutlich vorgetragen, hernach durchgefragt werden, um zu sehen, ob sie behalten und verstanden sind.

3) Müssen die Kinder dabey im eignen denken
geübt werden, daß sie die Ursachen der Dinge
finden, und Folgen daraus herleiten lernen. Es
muß ihnen nichts vorgesagt werden, was sie
selber wissen können, und das Unbekannte an
das Bekannte angereihet werden.

4) Müs-

4) Müssen die Sachen dahin gezogen werden, die dahin gehören, z. E. bey den zehn Geboten, die Tugenden, die darin geboten und die Laster, die verboten sind, welches man aus guten Erklärungen des Katechismus lernen kann.

Ueber eine Glaubenslehre.

§. 5. Bey den Glaubenslehren, darüber man katechisiren soll, muß

1) die Lehre oder Sache erkläret, die Erklärung wiederum zergliedert, die darin enthaltenen Begriffe und Merkmale auseinandergesetzt, von neuem erkläret, und damit so lange fortgefahren werden, bis man bey bekannten Sachen stehen bleibt, und der ganze Begriff deutlich ist. Z. E. bey der Gerechtigkeit Gottes, welche darin besteht, daß er das Gute belohnet und das Böse bestrafet, muß gesagt werden, was gut und böse ist; was Belohnungen und Strafen sind!

2) Müssen die Beweise aus der heiligen Schrift angeführet, und die dahin gehörigen Sprüche aufgeschlagen, zergliedert, erkläret und der eigentliche Beweisgrund bemerket; wie auch die Vernunftmäßigkeit der Sache, und was sie für Grund in sich selber hat, gezeigt werden. Z. E. bey der Gerechtigkeit, daß ohne dieselbe Gottes Gebote nicht gehalten werden würden.

3) Muß die Anwendung der Sache zur Ausübung unserer Pflichten, und zum Trost gemacht werden,

…ten, und die Schüler müssen geübt werden, solche selbst zu machen. Z. E. bey der Gerechtigkeit, daß wir Gutes thun und Böses lassen.

4) Wenn die Sache vorgetragen ist, muß sogleich das hauptsächlichste davon wieder durchgefragt, und nicht zu viel und zu lange auf einmal; sondern die Sache in kurzen Absätzen vorgetragen, und alsdann wiederholt; das Ganze aber endlich zusammen genommen werden.

Ueber die Sittenlehre.

§. 6. Bey moralischen Katechisationen muß
1) die Tugend oder das Laster, davon man handeln will, erklärt werden; doch bey dem Laster mit Behutsamkeit, (z. E. beim 6. 7. und 8. Gebot), daß man es nicht lehret, indem man es erkläret. Z. E. die Geduld ist die Mäßigung unserer Betrübniß im Leiden: da muß gezeiget werden, was Mäßigung sey? in welchem Fall sie geübt werden muß.

2) Müssen die Sprüche der Bibel, darin das Laster verboten und die Tugend befohlen ist, angeführet, und wie §. 5. No. 2. behandelt werden.

3) Muß die innere Moralität, oder die Folgen der Tugend und des Lasters, was jene vor Vortheil schaffe und dieses für Schaden thue, angeführet, und dabey die Erfahrung aus dem gemeinen Leben zu Hülfe genommen werden.

4) Müs-

4) Müssen Exempel aus der biblischen vornehmlich, und dann auch weltlichen Geschichte und dem gemeinen Leben erzählet und lebhaft vor Augen gebracht werden.

5) Müssen die Hülfsmittel, dadurch man die Tugend erlangt und das Laster vermeidet, aufgeführt werden. Z. E. bey der Keuschheit, die Mäßigkeit, Arbeitsamkeit und das Gebeth.

6) Muß §. 5. No. 4. beobachtet werden.

Historische Katechisationen.

§. 7. Bey historischen Katechisationen, muß

1) die Historie aus der biblischen Geschichte oder dem Kinderfreunde, von den Schülern einigemal deutlich vorgelesen werden.

2) Von dem Lehrer nun durchgefragt, und dabey die wichtigsten Umstände erläutert, Schwierigkeiten aufgelöset und ein kleines Bild, gleichsam ausgemalt, und ins Große gebracht werden, durch lebhafte Schilderung der Charaktere.

3) Müssen die Kinder selbst von den Begebenheiten und Personen urtheilen, woran dieser oder jener Recht oder Unrecht gethan habe? Was wir daraus lernen können? Vor welchem Laster wir durch die Geschichte gewarnet werden? Was für ein Trost darin liege? u. dgl.

4) Muß endlich einer der Schüler die ganze Geschichte wieder erzählen, um sich in Sprache und dem Vortrage zu üben, dabey man ihm einhelfen und den Vortrag verbessern muß.

Das

Das Lesen der heiligen Schrift.

§. 8. Bey dem Lesen der heiligen Schrift müssen

1) die Kapitel ausgesucht werden, die sich zum Vorlesen für die Jugend schicken, weil sie nicht alle darzu geschrieben sind.

2) Muß der Lehrer bey dem Anfange eines jeden Kapitels den Hauptinhalt desselben anführen, daßelbe in seine Theile zergliedern, und nun

3) jeden Theil besonders laut, deutlich und mit Beobachtung der Unterscheidungszeichen vorlesen lassen, dabey die schweren Stellen erklären, wo etwa ein nachdrücklicher Spruch, oder eine merkwürdige Begebenheit vorkommt, einen Fingerzeig darauf geben; sich aber dabey nicht gar zu lange aufhalten, weil doch die Absicht zugleich die Uebung im Lesen ist.

4) Bisweilen hier und da einen Schüler aufrufen und weiter lesen lassen, oder fragen, was gelesen ist, damit alle aufmerksam seyn und wissen, was sie lesen.

5) Am Ende des Kapitels sich den Hauptinhalt, die Theile, die vornehmsten Sprüche und nöthigsten Erklärungen wiederholen lassen.

Gebeth aus dem Herzen.

§. 9. Bey dem Gebeth aus dem Herzen muß man

1) den Schülern erklären, was beten heiße, und die unterschiedenen Arten des Gebeths bekannt machen,

machen; welche sind: Anbetung oder Lobeserhebung Gottes, Danksagung, Bitte, Demüthigung vor Gott, und Ergebung an Gott.

2) Bey der Anbetung oder Lobeserhebung Gottes, welche ein Bekenntniß unsrer Ehrerbietigkeit gegen Gott ist, muß man die großen Eigenschaften oder Werke Gottes, darüber man ihn verehren will, mit ihnen durchgehen, und sie beschreiben.

3) Bey der Danksagung müssen die Schüler dahin geleitet werden, daß sie selbst über die Wohlthaten Gottes nachdenken und sie anführen, dafür sie Gott danken sollen, z. E. des Morgens und Abends.

4) Bey der Bitte müssen sie das Gute, welches sie von Gott haben wollen, bemerken, und dahin auf die Spur gebracht werden.

5) Bey der Demüthigung müssen sie sich der Fehler erinnern, die sie begangen und an sich haben, Gott um Vergebung um Christi willen bitten, und versprechen, sich zu bessern.

6) Bey der Aufopferung, solchen Gebeten, worin man gute Vorsätze, oder veste Endschließung zur Tugend und Erfüllung seiner Pflichten faßt und Gott vorträgt, müssen sie sich die Pflichten, die sie Gott schuldig sind, vorhalten, und versprechen sie zu beobachten.

7) Wenn man über das alles mit ihnen umständlich gesprochen hat, so müssen sie es mit eignen Worten in ein kurzes Gebeth zusammen fassen und

und Gott vortragen, und man thut wohl, nur eine Art des Gebeths allein vorzunehmen.

8) Man kann ihnen auch ein Gebeth, z. E. einen Morgen- oder Abendsegen vorlesen, und die unterschiedenen Arten des Gebeths an demselben zeigen.

IV.
Ueber die Methode, Kinder von der gewöhnlichen Unart, Thiere zu martern, abzubringen.

Fortsetzung.
(S. Schulfr. 3s Bändch. S. 68.)

Von der Natur der Thiere.

Ich habe zuletzt versprochen, liebe Kinder! euch noch etwas von der Natur der Thiere zu erzählen, um euch dadurch, wo möglich, den grausamen Fehler, die Thiere zu martern, abzugewöhnen. Ich mache mir die Hoffnung, daß ihr diesen Fehler gewiß ablegt, wenn ihr die Thiere erst besser kennet, und wisset, daß es keine bloße Maschinen sind, die man wie Mühlräder zerbrechen kann; sondern daß sie Empfindungen und Leben haben, und es gewiß fühlen, was ihr

ihnen

ihnen zu Leibe thut: sollte es auch nur ein Käfer oder Schmetterling seyn, dem ihr die Flügel und Füße ausreißt.

Ich weiß es aus der Erfahrung, daß man es bey dem Unterricht und bey den angenehmsten Erzählungen, die man euch von den Thieren giebt, gemeiniglich darin versieht, daß man euch die eigentliche Natur und Beschaffenheit dieser Geschöpfe vorher nicht gehörig erklärt. Es sind viele unter euch, welche alle Klassen, Ordnungen, Gattungen und Arten der Thiere unterscheiden, und von manchem Säugthiere und Vogel recht viel Artiges erzählen können. Allein, wenn ich euch frage: was ist denn nun eigentlich ein Thier? Worin unterscheidet es sich von der Pflanze? Worin besteht seine Natur? Ist es wol gar aus Leib und Seele zusammengesetzt? Dann stutzt ihr, und müsset bekennen, daß ihr manches von den Thieren, aber noch nicht wißt, was Thiere sind.

Ihr müßt es aber selbst schon fühlen, liebe Kinder! daß es ganz verkehrt sey, viel von den Thieren zu wissen, und nicht einmal die Natur des Wesens zu kennen, von dem ich viel weiß, oder noch mehr lernen soll. Sollte das nicht das erste seyn, womit ihr anfienget?

Manches Kind, das seine Naturgeschichte des Thiers recht gut inne hat, behält doch die Unart, es zu quälen. Es würde sie ablegen, wenn es besser von der Natur, Würde und Bestimmung der

Thiere

Thiere unterrichtet wäre. Ich hoffe, dadurch bey meinen Kindern viel gewonnen, und hoffe auch bey andern, die dieses lesen, oder die daraus katechisirt werden, meines Zwecks nicht zu verfehlen, wenn ich ihnen eben das wieder erzähle, was ich den meinigen von der Natur der Thiere erzählt habe.

Von der Natur der Thiere will ich mit euch reden, liebe Kinder! Lernet also zuerst, was man durch die Natur eines Dinges verstehet. Das ist die Beschaffenheit und Einrichtung seines Wesens, daß es das ist, was es seyn soll, oder daß es die Eigenschaften hat, die es haben muß.

Worin bestehet z. B. die Natur des Goldes, daß es kein Silber ist. — Die Natur des Eisens, daß es kein Kupfer. — Die Natur der Pflanze, daß sie kein Thier — und also die Natur eines Thiers, daß es keine Pflanze, oder kein Stein ist? Was ist also die Natur, oder die Beschaffenheit der Wesen, die wir lebendige Thiere nennen, und die mit uns zugleich auf der Erde wohnen? Das laßt euch erklären, und wir wollen jedesmal, wenn wir euch das deutlich machen, das Beispiel eines bekannten Thiers mit anführen.

Daß sich alle Thiere bewegen, und sich bald hier, bald dorthin begeben können, wie sie wollen; sie mögen auf der Erde, oder im Wasser, oder in beiden Elementen zugleich, oder in der Luft

Schulfreund, 5s Bdn. E leben:

leben: das sehet ihr an jedem Thiere, so lange es das Leben hat. Euer Hund läuft dem vorgeworfenen Balle nach und holt ihn wieder. Euer Kanarienvogel fliegt aus dem Bauer in der Stube herum. Sobald ihr aber etwas Grünes auf den Bauer steckt, kehrt er wieder zurück. Der Frosch springt aus dem Grase des Ufers ins Wasser, wenn ihr ihm zu nahe kommt, und die Fischchen, die in dem besonnten Wasser stockstille stehen, fahren wie ein Blitz aus einander, wenn ihr ein Steinchen hinein werft.

Wie kommen euch diese Bewegungen vor, wenn ihr sie mit den Bewegungen der Wanduhr vergleicht? Diese letztere kommt nicht von ihrer Stelle. Sie zeigt euch die Stunden, halbe, Viertelstunden und Minuten; sie schlägt auch, wenn alles darin ordentlich ist, die Stunde, die sie weiset. Allein die Uhr gehorcht euch nicht, wie der Hund, wenn ihr ihn ruft. Sie begleitet euch nicht, wie dieser, wenn ihr spazieren geht. Sie schlägt nicht die Stunde, die ihr verlangt; sondern die in der Ordnung folgt. Soll sie anders weisen, so müßt ihr sie stellen, und ist sie abgelaufen, und ihr zieht die Feder, die das Gewicht treibet, nicht wieder auf; so wird sie auch nicht wieder fortgehen.

Was sind das nun für Bewegungen, und wie erfolgen sie? Seht ihr in die Uhr hinein, oder laßt ihr sie durch einen Kunstverständigen aus einander nehmen;

nehmen; so erblickt ihr darin Räder, Federn, Gewichte u. s. w., die so eingerichtet sind, daß immer eins mit seiner Spindel in die Zähne des andern greift und es umtreibt, bis zuletzt durch die immer langsamere Bewegung der Zeiger ergriffen und umgedrehet wird, so, daß er in 60 Minuten auf der Scheibe herum kommt, und die abgelaufene Stunde zeigt.

Wie ist es aber bey eurem Hunde? Wird etwa darin auch erst ein Uhrwerk aufgezogen, wenn er laufen und zu euch kommen soll? Nein! er läuft von selbst. Er kommt zu euch, wenn ihr ihn lockt und freundlich gegen ihn thut. Er fliehet, wenn ihr ihn bedrohet und schlagen wollt.

Nun, so dächt' ich denn wol, daß ihr begreifen könntet: wie die Bewegungen eines Thiers von ganz anderer Art, als die in der Uhr, wären. Die letztere ist eine durch Kunst zusammengesetzte Maschine, die in ihren verschiedenen Wirkungen den Gesetzen der Bewegung folgt, die ihr vorgeschrieben sind. Sobald eins derselben leidet, so stockt sie; der Haase aber läuft mit drey Beinen fort, wenn ihm auch eins abgeschossen ist.

Muß also nicht das Thier von ganz anderer Natur seyn? Müssen nicht seine Bewegungen eine andere Beschaffenheit haben? Sein Körper ist zwar auch gewissermaßen eine Maschine, deren Bewegungen sehr richtig auf einander folgen; aber sie besteht auch aus ganz andern Theilen: aus Glie-

E 2

dern,

dern, Knochen, Muskeln, Nerven, Sehnen, Adern u. s. w., und hat in sich einen Umlauf des Bluts, den das Herz treibt, und in beständiger kreisförmiger Bewegung erhält. Kurz, das Thier ist **ungleich mehr**, als eine bloße Maschine.

Gebt nun einmal auf euch selbst Achtung, wie ihrs macht, wenn ihr aufstehet, oder euch hinsetzt — wenn ihr geht, lauft oder spielt — wenn ihr leset oder schreibt. Wie willig und bereit ist euer Körper, das alles zu thun, **was ihr wollet?** und ihr thut es öfters, so zu reden, **von selbst**, ohne daß ihr dieses oder jenes Glied erst mühsam anstrengen dürft, es zu verrichten. Wollt ihr lesen; so habt ihr nicht nöthig, erst euren Augen zu gebieten, auf das Buch zu sehen. Sie thun es von selbst.

Könnt ihr sagen, daß euer **Körper** das alles allein thue? Ist nicht in euch ein Etwas, das euch gleichsam dazu auffordert: **zu wollen, und nicht zu wollen**. Wie oft sagt ihr eins zum andern: **nein! das will ich nicht** — und es wird nicht geschehen?

So ist es wirklich bey den Thieren auch, und ihr habt in diesem Stück mit ihnen eine große Aehnlichkeit. Sagt ihr nicht von dem Menschen: er sey ein zusammengesetztes Wesen, das aus **Leib und Seele** bestehe? Sein Körper verrichte die Handlungen, welche die **Seele** wolle? Trefft ihr

nicht

nicht das nämliche bey den Thieren an, daß sie wollen, und nicht wollen? Richten sich darnach nicht ihre Handlungen? Ein stätisches Pferd, wie man es nennt, geht nicht von der Stelle, es mag noch so viel geschlagen werden; denn es will nicht. Läßt sein Eigensinn nach, und es will; so geht es von selbst fort.

Sind das nicht alles willkührliche Bewegungen, die einen andern Grund, als allein im Körper haben müssen? Seht, liebe Kinder! so kommen wir von selbst darauf: das Thier besteht aus Leib und Seele. Es verrichtet willkührliche Handlungen, die es von selbst durch eine Art von eigenem Willen thut, und nicht, wie die Uhr durch unwiderstehliche Gesetze dazu gezwungen wird.

Das ist die Natur der Thiere, darüber ich euch nun weiter durch angenehme Beispiele belehren will.

(Die Fortsetzung folgt.)

Goeze.

V.

Auch etwas über den gewöhnlichen Kinderfehler, Thiere zu martern.

Der Fehler der Kinder, Thiere zu martern, ist sehr allgemein, und werth, daß Lehrer und Erzieher mehr, als bis jetzt geschehen, ihre Aufmerksamkeit darauf verwenden. Ich freuete mich deswegen sehr, als ich gleich in den drey ersten Stücken des Schulfreundes, von einer Meisterhand, etwas über die beste Methode, diesen Fehler den Kindern abzugewöhnen, fand. Da ich einige hundert und dreißig bis vierzig Kinder, von beiden Geschlechtern unter meiner Aufsicht habe, so habe ich oft Gelegenheit gehabt, Bemerkungen über diese Neigung der Kinder, besonders über die Quellen derselben, zu machen, und hier theile ich einige derselben mit.

Die **Hauptquelle** dieses Fehlers scheint mir zu seyn: Mangel an Mitgefühl für Thiere. Die Kinder glauben, das Thier habe eine ganz andere Natur als der Mensch; empfinde nicht so; leide also auch nicht den Schmerz bey Martern. Und in dieser Meinung wird es bestärkt, weil ein sehr großer Theil von Thieren, den Schmerz nicht so durch äußere Mienen und Geberden oder durch die

Stimme

Stimme kann zu erkennen geben, wie die Menschen. Dieser Wahn muß also den Kindern benommen werden, und man muß sie dahin bringen, daß sie das leidende Thier eben so rührt, als der leidende Mensch. Um es aber dahin zu bringen, so ist nöthig, einige von den Ursachen kennen zu lernen, die bis jetzt dieses Mitgefühl gehindert und unterdrückt haben, und zu diesen Ursachen rechne ich vorzüglich:

1) Beispiele. Ein Kind siehet es von dem Andern, und durch den öftern Anblick solcher Grausamkeiten wird es endlich an dieselben gewöhnet; es bleibt stehen, siehet zu, und macht endlich selbst mit. Zumal wenn mit diesen Martern gewisse, für die Kinder angenehme Spiele, Gesänge ꝛc. verbunden sind. Man erinnere sich nur hier an den armen Maikäfer, mit welchem Jubel und Gesang wird der nicht auf tausendfache Art gequälet. — Sollte dieses die muntre Jugend nicht anziehen? Spiele sind die höchsten Freuden der Jugend, und durch dieses Mittel kann man dieselbe die schwersten Dinge lehren, aber sie auch an die größten Grausamkeiten gewöhnen. Ich kann es deswegen durchaus nicht leiden, wenn man die Hausthiere unnütze Spielereien lehrt, z. B. Aufwarten, Tanzen ꝛc. Die Kinder finden daran ein Vergnügen und tausenderley Gelegenheiten, auf solche Art die Thiere mit Vergnügen zu quälen.

2) Neu

2) Neugier. Daß das Kind alles gern wissen möchte, ist bekannt, und diese Neigung ist sehr oft die einzige Ursach, warum das Kind das Thier zerreißet — die Nester aufsucht und zerstört, und den Sangvogel mit Steinen aus dem Gebüsche jagt.

3) Aeltern, Erzieher und andere Personen, so um die Kinder sind. Entweder dadurch, daß sie nicht dafür sorgen, daß ein gewisses Mitgefühl bey ihren Kindern für Thiere entstehet, als auch leider oft dadurch, daß sie gerade das Gegentheil bey ihren Kindern bewirken. Sie pflanzen oftmals schon früh den Keim zu jenem Laster in die Herzen ihrer Kinder. Ich habe Beispiele hievon noch vor einigen Tagen gesehen. Ich kam in ein Haus, wo das kleinste Kind von 1½ Jahr sehr weinte, die Hausmutter ruffe hierauf die Katze herbey, das Kind sollte mit derselben spielen; da es aber das arme Thier in der Bosheit sehr herum riß, so, daß es das Thier nicht länger aushalten konnte und sich retten wollte, so fieng die Mutter auf eine schreckliche Weise an, das Thier mit allerley Schimpfnamen zu belegen und es endlich auch vor den Augen des Kindes zu prügeln. Ein andermal verbrannte eine Magd das Kind aus Unvorsichtigkeit; da nun das Kind deswegen sehr zu weinen anfieng, suchte sie es dadurch zum Schweigen zu bringen, daß sie die Schuld auf den Haushund schob, vorgab, der ha-

be

ke, es gethan, und deswegen dem Kinde einen Stock gab, um den Hund zu schlagen. Auf solche und tausendfache andere Art pflanzen die Aeltern diese grausame Neigung in die zarten Herzen ihrer Kinder, und oftmals ist es noch ein Glück, wenn es dabey bleibt, und die Aeltern nicht geradezu durch Beispiel, Beifall und Geheiß Kinder dazu gewöhnen. Unter der geringen und rohen Menschenklasse trifft man deren sehr Viele an, welche an solchen Qualen der Thiere ein Vergnügen finden. Ich wohne in einer Strasse, wo solcher sehr viel leben. Vor einiger Zeit z. B. befriedigten ein paar Hunde den vom Schöpfer in sie gelegten Begattungstrieb; eine große Menge Kinder trieben ihr grausames Spiel mit diesen Thieren, und die ganze Nachbarschaft lag an Fenstern, lachte, und freuete sich darüber. Die Kinder, die mich endlich sahen, zogen sich, ihres Fehlers bewußt, zurück; aber in dem Augenblick wurde denselben aus allen Fenstern zugerufen, die Hunde zu steinigen und auseinander zu reißen. Deswegen rathe ich auch allen Aeltern an in diesem Stücke vorzüglich auf ihre Dienstboten zu sehen; diese sind mehrentheils aus jener niedern Volksklasse, und machen oft die Kinder mit mancherley Grausamkeiten und Martern bekannt, und ich habe sie sehr oft als die Verführer der Jugend in diesem Stücke kennen gelernt.

Schon

Schon die Art, wie sie von Thieren sprechen, benimmt alles Mitgefühl für dieselben.

4) Das Handwerk der Aeltern. In meinen Schulen habe ich z. B. dieses Laster am mehresten an Knaben bemerkt, deren Väter Schlächter und Oekonomen waren. Erstere sind immer die schlimmsten, sie sehen täglich Thiere martern und oft auf eine grausame Art schlachten; das macht ihr Herz hart. Dazu kommen noch die grausamen Grundsätze, welche solche Menschen haben und ihren Kindern einprägen. Den Oekonomen thut eine große Anzahl von Thieren vielen Schaden, welches einen Haß gegen dieselben erzeuget, der denn auch auf die Kinder forterbt. Daher kommt es, daß im Durchschnitt, die Kinder des Landmannes, in diesem Stücke bey weitem die schlimmsten sind.

5) Auch auf entfernte Weise geben die Aeltern oft ihren Kindern Veranlassung dazu. Hier nur ein einziges Beispiel: Ein Freund erzählte mir einst, daß er in seiner Jugend sehr viel Thiere gemartert habe, und dazu sey er auf folgende Art gekommen: Sein Vater habe ihm sehr oft von den Executionen erzählt, so er zu seiner Zeit mit angesehen; diese Erzählung hätte er anfangs mit einigem Schauer angehört; durch die öftere Erzählung derselben aber habe er sie nach und nach gerne gehört, und nun sey bey ihm auch die Lust erwacht, sie nachzuspielen. Er habe
sich

sich also Delinquenten von Wachs gemacht, die er nach seines Vaters ausgeschmückten Erzählungen hingerichtet habe. Endlich sey er sogar auf die Gedanken gekommen, sich dazu der Thiere zu bedienen; er habe also Sperlinge, Maikäfer, Fliegen ꝛc. gefangen, sie einige Tage in ein kleines Gefängniß gesperrt, und endlich in einer bestimmten Stunde mit allen Ceremonien geköpfet, verbrennt, gerädert oder gespießet, und dabey allemal ein gewisses Wohlbehagen empfunden. Diese Geschichte ist mir immer sehr merkwürdig gewesen; es liegen gewiß viele Winke für Aeltern und Erzieher darin; vor jetzt nur zwey — a) Man suche solche Geschichten, wenn man sie den Kindern erzählet nicht sehr auszuschmücken, erzähle ihnen solche auch nicht zu oft — b) Gebe man mehr auf ihre Spiele achtung und lasse auch in diesen Stücken die Kinder nicht aus den Augen.

6) Die Policey. Ich lebe in einer Stadt, wo man sehr oft die Erlaubniß giebt, Affen, Bären, Murmelthiere u. dgl. herumzuführen und sie vor den Thüren tanzen und martern zu lassen, und ich merke denn allemal an den Kindern, daß sie dieses an ihren Hausthieren nachthun.

7) Endlich trägt auch sehr viel dazu bey, der Name: Ungeziefer, den man vielen Arten derselben giebt. Kinder und auch die Alten glauben, daß solche Thiere weiter keine Bestimmung von Gott hät-

hätten, als den Menschen zu schaden; sie wären geschworne Feinde von ihnen, sie zu verfolgen und zu martern wäre also erlaubt und etwas verdienstliches. Ja, einige glauben sogar, dieses sogenannte Ungeziefer wäre nicht von Gott mit den andern Geschöpfen erschaffen worden; sondern erstlich nach dem Falle der Menschen zu ihrer Strafe. Giebt man auf die Kinder Achtung, so wird man finden, daß im Durchschnitt solche Thiere auch am mehresten ihren grausamen Behandlungen ausgesetzt sind, und im Frühjahre, wo es solcher Thiere am mehresten giebt, sieht man sie dieses Laster auch am mehresten ausüben. Der Unterschied zwischen martern und tödten ist vielen nicht bekannt, und da man glaubt, daß letzteres erlaubt sey, so hätte es mit erstern noch weniger zu bedeuten.

Das sind einige von den Bemerkungen, die ich von Zeit zu Zeit gemacht, und in der Eil niedergeschrieben habe. Mittel, diesem Fehler entgegen zu arbeiten, hat uns Hr. Goeze gezeigt, und jeder geschickte Erzieher wird deren mehrern ausfindig machen, wenn er die Quellen dieses Lasters weiß. am schwersten wird es aber immer in gemeinen Trivial-Schulen halten, in welchen sich größtentheils Kinder aus der niedern Volksklasse befinden. Denn was hier der Lehrer sagt, wird zu Hause durch das Beispiel der Aeltern meistens wieder verdorben. Da sollte denn freilich von der Kanzel mit gewirkt werden,

den; dieses geschiehet aber leider nicht; und denkt ja etwa einmal ein Prediger daran, so geschieht es nebenher im allgemeinen, durch leere Deklamation. Ein Freund von mir, der die Hoffnung hatte, bald Prediger auf dem Lande zu werden, nahm sich vor, alle Frühjahre einmal von der Bestimmung der Thiere, und von den verschiedenen Sünden gegen dieselben zu reden, und zwar deswegen eben zu der Zeit, weil vom Frühjahr an die mehresten Laster dieser Art ausgeübt werden. — Ich glaube gewiß, er wird dadurch viel Gutes stiften. Ich wünschte überhaupt, daß in den so vielen Magazinen für Prediger mehr auf solche Predigten und Entwürfe gesehen würde. Wir haben jetzt zu Anfang der Trinitatis-Sonntage sehr viele Episteln die von der Liebe Gottes handeln; man zeigt bey Erklärung derselben, daß sie sich vorzüglich durch Liebe gegen die Menschen äußere — warum nicht auch durch Liebe gegen die übrigen Geschöpfe, und wie diese Liebe müsse beschaffen seyn? Man würde gewiß durch solche Predigten nicht so viele einschläfern, als bey der Deklamation über die Liebe des Nächsten, und mehr Nutzen schaffen — — aber freilich müßte man denn auch ein wenig mehr Mühe auf seine Predigten wenden, denn diese findet man nicht in den Compendien — und Hülfsbüchern. Ueberhaupt scheint das Erziehungsfach noch fast zu sehr von der Kanzel ausgeschlossen zu seyn; nur sehr selten hört man eine Predigt von Erziehung,

und

und geschiehet es einmal, so bleibt es bloß bey der Pflicht der Aeltern, den Kindern eine gute Erziehung zu geben. Wie sie aber dieses anzufangen — wie sie die Kinder von diesem und jenem Fehler oder Laster abzubringen und zum Guten anzuführen haben, davon schweigen die meisten Prediger ganz stille. — Die Ursache davon kann man sich leicht denken!! —

— — r.

VI.

Schulkorrespondenz.

Halleborn, im Magdeburgischen, im August, 1792.

An den Herausgeber des Schulfreunds.

Sie fordern, theuerster Freund, in Ihrem, auch in unserer Gegend so allgemein beliebten deutschen Schulfreunde, im zweiten Bande, Seite 3, in einer, dem trefflichen Aufsatze des Herrn Inspektor Herzbergs beigefügten Anmerkung, jeden Menschen- und Schulfreund, auf, in Ansehung der Sommerschulen mit Sachkenntniß überdachte und anwendbare Vorschläge für den Schulfreund einzusenden, damit die Sache einmal recht zur Sprache komme.

Ich

Ich bin so frey, dieser Aufforderung gemäß, mein Scherflein zu dieser Sache beizutragen, und Ihnen und Ihren Lesern hierüber meine reiflich überlegten, und auf wirkliche Erfahrungen gegründete Gedanken zur weitern Prüfung ihres etwanigen Werthes oder Unwerthes mitzutheilen.

Ich bin ein wahrer Schulfreund. — Das wissen Sie. — Denn Sie kennen mich seit mehr als 20 Jahren genau. — Ich bin auch auf dem Lande geboren und erzogen, habe den größten Theil meiner Lebensjahre unter Landleuten zugebracht, und bin nun fast 17 Jahre Landprediger; glaube also, wenn es auf die Frage, wegen Haltung der Sommerschulen auf dem Lande — besonders aber im Magdeburgischen und Halberstädtschen — ankommt, ein klein wenig mit sprechen zu können und zu dürfen. Um nun meine Meinung kurz und gut zu sagen, glaube ich

1) die Sommerschulen können und müssen bis zum Anfange der Aerndte gehalten werden.

2) Aber in der Korn- und Flachsärndte müssen Schulferien seyn, wenigstens 6 Wochen lang.

3) In dieser Schulferienzeit müßte aber des Sonntags nach dem nachmittäglichen Gottesdienste zwey Stunden Schulunterricht gegeben werden, damit die Kinder nicht verwildern und das vorhin gelernte ganz vergessen.

Dies sind meine drey Hauptsätze, über welche ich mich noch etwas weiter erklären will.

1) Erst

1) **Erstlich,** sagte ich, die Sommerschulen können und müssen bis zum Anfange der Aernte gehalten werden, also von Ostern bis etwa gegen das Ende des Julius *). In dieser Zeit können die lieben Landleute recht gut, wenn sie nur ernstlich wollen, die Kinder des Morgens von 6 bis 9 Uhr, oder wo die Klassen (wie z. B. hier in meinem Orte und auf so manchen Halberstädtschen Dörfern) zum unleugbaren Vortheil der Schulkinder getrennt sind — von 6 bis 8 Uhr die größern, und von 8 bis 10 Uhr die kleinern, in die Schule schicken. Dies müßte strenges Gesetz seyn (wie Sie Seite 8 bey der oben angeführten Abhandlung sehr richtig bemerken). Die Wirthschaft der Aeltern leidet gewiß nicht darunter. Bey den mehresten, die ihre Kinder in dieser Zeit zur Schule nicht schicken, ist es bloße Nachläßigkeit und Leichtsinn, mannichmal mit unter auch wol etwas böser Wille. — Wie viele Stunden des Tages bleiben bey dieser Einrichtung doch noch den Aeltern übrig, wo sie ihre Kinder zu häuslichen und wirthschaftlichen Verrichtungen gebrauchen können? — Daß sie aber ihre Kinder einige Stunden zur Schule auch im Som-

---

*) Schon um Johannis die Schule zu schließen halte ich für zu früh. — Zu lange Ferien sind schädlich. —

Sommer schicken müßten, das glaube ich hier gar nicht erst noch beweisen zu dürfen, da es die Erfahrung leider genugsam lehret, was Herr Inspektor Herzberg sehr richtig bemerkt hat, daß die Landjugend sonst unter den mannichfaltigen Zerstreuungen und Arbeiten des Sommers, guten Theils das wieder vergißt, was sie in den letztverflossenen Wintermonaten mit saurer Anstrengung erlernet hatte. Jeder patriotischdenkende Schullehrer, dem es wirklich darum zu thun ist, daß die Kinder in seiner Schule was lernen und in Kenntnissen fortschreiten, wird sagen, alles, was da Herr Herzberg geschrieben hat, ist mir wie aus der Seele heraus geschrieben. Die ersten 14 Tage wenigstens, wenn die Schule um Michaelis wieder angeht, hat der Lehrer genug damit zu thun, seine bisher den Sommer über halbverwilderten Kinder nur erst wieder zum Stillsitzen und zur Ruhe und Ordnung zu bringen; und es kostet wirklich recht viele Mühe, ehe die Kinder erst wieder lernen aufmerksam zu seyn.

2) Auf der andern Seite halte ichs denn doch aber nach der Lage des Landmanns und des Bewohners kleiner Städte, fast für unumgänglich nothwendig, daß in der Korn- und Flachserndte wenigstens 6 Wochen (mannigemal auch wol, wenn regnichte Witterung die Erndte auf-

hält, 8 Wochen) Schulferien gestattet werden; und zwar sowol um der Aeltern der Kinder, als auch selbst zum Theil um ihrer Lehrer willen. Wer die Localität des Landes kennt, wird mir hierin vollkommen recht geben, daß viele Aeltern ihre Kinder in der Aerndtezeit, ohne ihren merklichen Schaden, und ohne ihre Nahrungssorgen zu vermehren, nicht in die Schule schicken können. Sie müssen ihnen da entweder schon bey der Arbeit selbst, die zum Theil sehr früh Morgens anfängt, behülflich seyn, oder sie müssen in Abwesenheit der Aeltern das Haus bewachen, oder ihre kleinern Geschwister warten. Manche Aeltern müssen auch aus Armuth ihre Kinder, noch ehe sie aus der Schule entlassen werden können, wol schon vom 10ten Jahre an, vermiethen, um sich ihr Brod zu verdienen. Zwar giebt es hie und da auch auf den Dörfern und in den kleinern Städten manche bemittelte Aeltern, die ihre Kinder wol einige Stunden des Tages, auch zur Aerndtezeit, in die Schule schicken könnten. Aber wenn es nicht ausdrücklich von ihnen verlangt, und der Lehrer dafür besonders bezahlt wird, soll denn dieser um 5 oder 6 Kinder willen Schule zu halten, genöthigt werden? Mich dünkt, das ist, bey dem schlecht besoldeten Lehrer wenigstens, etwas zu viel gefordert. Denn auch dieser hat, um seiner wirthschaftlichen Verrichtungen

willen,

willen, in der Aerndtezeit Ferien nöthig.*) Wie manche Schullehrerstellen giebt es nicht im Magdeburgischen (im Halberstädtischen hie und da vielleicht auch), die kaum 60 rthlr. eintragen.**) Manche noch weniger. Da muß denn gewiß der Schulmann, der eine solche schlechte Stelle hat, sehr guter Wirth seyn, muß in der Aerndte selbst mit Hand anlegen und arbeiten, muß unter andern auch vielen Flachs bauen, wenn er nicht mit Frau und Kindern darben oder gar verhungern soll. Es ist ja nur einmal im Jahre Aerndte. Da lasse man doch arbeiten, wer arbeiten kann und muß, um das ganze Jahr hindurch leben zu können. Will aber ja einer oder der andere bemittelte Bauer zur Zeit der allgemein gestatteten Aerndteferien seine Kinder unterrichtet haben — recht schön! aber dann bezahle er auch dem guten Schulmanne,

F 2 wenn

---

*) Dazu kommt: daß der Schullehrer in unsern Gegenden durchaus während der Aerndtezeit selbst Schulferien haben muß, und oft ohne Ungerechtigkeit, selbst Obrigkeitswegen, und wenn die Aeltern ihn doppelt und dreifach bezahlen wollten, nicht zum Unterricht angehalten werden kann, da es so sehr an Arbeitern und Taglöhnern fehlt, und er also, wo er nicht großen Schaden leiden will, durchaus selbst mit arbeiten muß.

d. H.

**) Hier in Hakeborn z. E. trägt die zweite Stelle nicht viel über 50 thlr. ein!!!

wenn er schlecht salarirt ist, seine ausserordentliche Mühe und Zeitverlust, damit dieser sich nun zu seinen eigenen wirthschaftlichen Verrichtungen Arbeitsleute halten und bezahlen kann. Mich dünkt, das ist so billig wie möglich.

3) Um nun aber doch dem Uebel einigermaßen vorzubeugen und abzuhelfen, daß die Kinder in den Aerndteferien nicht ganz verwildern, und das vorher Gelernte ganz vergessen, thue ich den Vorschlag: Man mache es allen Schullehrern zur Pflicht, des Sonntags Nachmittags nach der Kirche, etwa von 3 bis 5 Uhr, zwey Stunden Schule zu halten.

Schon im General-Landschulreglement wird ja §. 6. des Sonntags eine Wiederholungsstunde in der Schule, mit den noch unverheiratheten Personen im Dorfe angeordnet. Allein diese an sich gewiß sehr heilsame Verordnung, ist seit langer Zeit aus mehr als einer, zum Theil nicht unerheblichen Ursache willen (die hier anzuführen, mein Zweck nicht erfordert), ganz beiseite gesetzt worden. Wie wäre es nun, wenn diese allerhöchste Verordnung nur auf die Schulfähigen Kinder, zur Zeit der Aerndteferien, ausgedehnet würde? Aber dann müsten doch wol zwey Stunden angeordnet werden, weil die Zeit von einer Stunde sicherlich zu kurz fallen möchte. Und ich sollte glauben, diese Einrichtung könnte an allen Orten allgemein

mein gemacht werden, wie denn auch wirklich schon vor 2 Jahren das hochpreißliche Consistorium zu Halberstadt, solches im dasigen Fürstenthume gethan hat. Die Aeltern hätten doch keine gegründete Ursachen, ihre Kinder dem sonntäglichen Schulunterrichte zu entziehen, wie in der Woche; und wo es ihnen am guten Willen fehlte, da müßte er ihnen, wenn die vorhergegangenen Erinnerungen der Prediger und Schullehrer nichts fruchteten, durch obrigkeitlichen Zwang gemacht werden. Auch die Herren Schullehrer würden, ja, aus Liebe zu ihren Kindern, und um sich selbst die Arbeit beim Anfange der Winterschule zu erleichtern, gern ein paar müßige Stunden des Sonntags in der Schule arbeiten, ohne dafür besondere Bezahlung erwarten zu können und zu dürfen. Gewiß, ich bin überzeugt, diese Einführung der Sonntagsschulen ist sehr gut möglich und nützlich; und wie sehr würde ich mich freuen, wenn auch dieser kurze Aufsatz mit dazu Veranlassung gäbe, daß die Sache, solchen Männern zu Ohren käme, die die Macht in Händen haben, in Schulsachen zu befehlen, und ihre Befehle geltend zu machen. Ehe ich diesen Aufsatz schließe, will ich nur noch einer Verordnung unsers hochpreißl. Konsistoriums zu Magdeburg erwähnen, und dasjenige im Auszuge daraus anführen, was zum Theil zur Bestätigung dessen dienen kann, was ich oben bey Nro. 1. und 2. sagte. Nachdem in dieser heilsamen Verordnung (sie ist vom 25ſten Januar 1776.) im voraus erinnert war, wie nöthig es ſey, auch im Sommer die Kinder in die Schule zu ſchicken, und zugleich auch die regelmäßige Beſuchung der Winterſchulen eingeſchärft wurde; ſo heiſt es nun weiter §. 2. "Die "Sommerſchule hingegen, von Oſtern bis Michaelis, muß 2 höchſtens 3 Stunden früh Morgens gehalten werden, damit die Kinder die "übrige Zeit des Tages von ihren Aeltern und Dienſtherren, zu Feld- und "Hausdienſten gebraucht werden können. §. 3. wird veſtgeſetzt, daß in der Aerndtezeit 4 bis 6 Wochen lang, welche nach "Beſchaffenheit des Orts, von dem Prediger anzuſetzen ſind, Schulferien ſeyn ſollen, wo "gar keine Schule gehalten wird, damit Aeltern "und Dienſtherren die Kinder ganz zur "nöthigen Arbeit gebrauchen können. "§. 4. Durch dieſe Einrichtung bleibt es aber bemittelten und verſtändigen Aeltern unbenommen, "ihre Kinder auch den Sommer über Vor- und "Nachmittags zur Schule zu ſchicken —. Von "Oſtern bis Johannis wird nur 2 Drittel, und von "Johannis bis Michaelis nur die Hälfte Schul"geld bezahlt.

Kortum.

2.

— Niederösterreich, den 9. August 1792.

Eben lese ich mit Vergnügen Nro. 205. der Jenaer allgemeinen Litteraturzeitung, die Rezension des von Ihnen herausgegebenen Werkchens: Der deutsche Schulfreund, 1ter und 2ter Band. Aus der Inhaltsanzeige und Rezension sehe ich mit Vergnügen, daß Sie sich bemühen, den Lehrern der Bürger- und Landschulen ein Journal in die Hände zu geben, das nie nöthiger war, als jetzt. Man schreibt so viel über Erziehung, und wenig ist praktisch anwendbar für öffentliche Schulen; es sind nicht selten bloße fromme Wünsche ihrer würdigen Verfasser. Der Lehrer, von der Lektüre solcher Schriften begeistert, glaubt, jeder gute Vorschlag zur Verbesserung des Unterrichts, sey überall anwendbar; er versucht, und es zeigen sich ihm oft unüberwindliche Schwierigkeiten. Voll Mißmuth wirft dann mancher alles weg — und läßt die Schule beim Alten; er ist des Ganges schon gewohnt; und hat dabey weniger Verdruß bey Aeltern, Schulvorstehern u. s. w. Sie verdienen wirklich den Dank aller eifrigen Schulleute, daß sie ihnen bloß durchgedachte, anwendbare Vorschläge vorlegen; und diese müssen sich auf pädagogische Erfahrungen stützen. Ich habe schon lange mit Herrn Hofrath Schlözer (Anmerkungen zur Uebersetzung des *Essai de l'Education nationale, p. M. de Chalotais*, S. 224.) gewünscht, man möchte mehr beobachten, als bloße Vorschläge machen. Aber wie soll man beobachten? Mir schien es sehr nützlich zu seyn, wenn Sie in Ihr Journal noch folgendes aufnähmen:

1) Einen Grundriß der Psychologie für den Erzieher; ganz aus der Erfahrung abgezogen, mit Anwendung auf den öffentlichen Unterricht. Nicht alles, was in Lock, Tetens, Plattner, Irwing, Tiedemann, Lochius, Garve u. s. w. vortrefflich aus einander gesetzt ist, soll der gemeine Schullehrer wissen; aber ohne Psychologie, wandelt er gleichsam im Nebel; er kann weder gute Methoden beurtheilen, noch weniger anwenden, und kann sich auch nie des Erfolges seiner Bemühungen versichern. Ein Lehrer ohne Kenntnisse der Psychologie, treibt sein Geschäffte so schlecht, als die alten Weiber die Arzneikunde. Eine solche Psychologie, die etwa unser Rochow, Campe, Salzmann, Villaume, Gedike, Resewitz, Stuve u. s. w. bearbeiten könnten — kenne ich noch nicht.

2) Regeln, psychologische Erfahrungen anzustellen, worauf es dabey ankommt; und wie man dadurch seine psychologischen Kenntnisse erweitern kann. Es könnte auch angegeben werden, worüber noch Erfahrungen mangeln. Wie mancher

cher Erzieher würde gern beobachten, wenn er nur wüßte: wie? was?

3) Nach diesen Regeln gemachte Erfahrungen. Jeder kleinste Beitrag wäre wichtig. Ein Bändchen solcher Erfahrungen wäre gewiß mehr werth, als hundert Bände Theorien, Vorschläge u. s. w.

Es versteht sich von selbst, daß man bey allen diesem sich auf den öffentlichen Schulunterricht einschränken müßte; sonst wäre das Feld der Bearbeitung für dieses Journal zu groß.

Würdigen Sie diese meine Gedanken Ihrer Aufmerksamkeit :c. Ich bin

J. H — —

ein österreichischer Normal-Schullehrer.

Obgleich der mir ganz unbekannte würdige Schullehrer, der sich in diesem Schreiben als einen eben so denkenden Mann, als für die Beförderung des Guten, warmen Freund ankündigt, in einer Nachschrift wünscht, daß ich ihm im Intelligenzblatte der allgemeinen litt. Zeitung antworten möchte: so fand ich es doch zur Erfüllung seiner Wünsche fast für zuträglicher, auf dieselben durch öffentliche Mittheilung seines Schreibens an mich, aufmerksam zu machen; da sich dann vielleicht unter den Mitarbeitern und Lesern des Schulfreundes, einer oder der andere finden dürfte, der dieselben gleichfalls beherzigt, wenn auch ich selbst gestehen muß, daß, so heilsam und gegründet ich jene Wünsche finde, ich doch wenigstens vor der Hand dieselben zu befriedigen nicht im Stande bin. Möchten doch die von dem Herrn Briefsteller selbst genannten verehrungswürdigen Männer, sich durch seine Aufforderung ermuntert fühlen, uns eine kurze Anweisung der Art für Schullehrer zu geben, da gewiß keiner geschickter dazu seyn, und also auch mehr innern Beruf dazu haben kann, als — sie. Uebrigens danke ich dem würdigen Manne, der diese Aeusserung als Antwort auf seinen Brief anzusehen, die Güte haben wird, verbindlichst: durch denselben auf eine Sache aufmerksam gemacht zu haben, woran es uns allerdings bis daher noch gar sehr mangelt.

Der Herausgeber des Schulfreundes.

VII.

Schulneuigkeiten.

1. Nachricht von der Armen= und Arbeitsschule in Quedlinburg.

Als ich meine Nachricht von der gegenwärtigen Verfassung und Einrichtung der deutschen Schulen (s. Schulfreund 1r, 2r Band) niederschrieb, äusserte ich am Schlusse die Hoffnung, daß die weise Fürsorge

sorge unserer Regierung das nach und nach bewirken würde, was nicht auf einmal geschehen konnte; und ich freue mich jetzt schon wieder, eine Nachricht niederschreiben zu können, welche zur neuen Bestätigung dieser Hoffnung dient.

Unsere verbesserte Einrichtung in der Neustädter deutschen Schule, wovon ich dort Nachricht gegeben habe, besteht nicht nur, sondern sie gewinnt auch immer mehr. Im Anfange gab die Sache zwar Gelegenheit, daß manche Uebelgesinnte, und noch mehrere übel unterrichtete Leute, sich mit mancherley Gerüchten, Urtheilen und Erzählungen trugen, welche diese und jene Aeltern theils furchtsam machten, theils dagegen einnahmen. Lehrer und Vorgesetzte der Schule haben sich aber dadurch nicht irre machen lassen, sondern sind ihren Gang nach dem einmal gemachten Plane, unverrückt fortgegangen. Der Erfolg zeigte, nach kurzer Zeit, daß die Kinder ordentlicher und gesitteter wurden, als sie bisher gewesen waren; daß sie in ihren Kenntnissen mehr zunahmen, als vorher; so, daß manche Aeltern selbst so aufrichtig waren, es einzugestehen, daß ihre Kinder jetzt besser unterrichtet würden, und mehr wüsten, als sie selbst in ihrer ersten Jugend gelernt hätten. Die Schule ist deswegen auch mit einer so grossen Anzahl von Kindern besetzt, daß es denen drey Lehrern schwer wird, sie alle zu übersehen und zu beschäfftigen. Der bessere Unterricht und die mehrere Ordnung und Aufsicht

sicht, haben auch unter andern die gute Wirkung, daß diese Schule auch im Sommer zahlreicher und ordentlicher besucht wird, als es ehedem geschahe, und noch zum Theil in andern deutschen Schulen geschiehet. Ich höre, daß jetzt, um Johannis, da sonst die deutschen Schulen sehr ledig werden, allein in der untersten Klasse, an 130 Kinder sind. — Schon in dem von mir mitgetheilten Plane von dieser wohlthätigen Anstalt (Schulfr. B. 2.), ist am Schluß (S. 82. 83.) bemerkt worden, daß man die Absicht hatte, eine Strick- und Nähschule damit zu verbinden; und auch diese ist glücklich zu Stande gekommen. Eine dazu geschickte Frau ist angenommen worden, welche den Töchtern der Aeltern, die es verlangen, an den freien Nachmittagen des Mittwochens und Sonnabends, Anweisung zum Nähen und Stricken giebt, wobey allemal ein Lehrer gegenwärtig ist, welcher die Aufsicht führet, um alle Unordnungen zu vermeiden. Ich habe diese Stunden selbst vor einiger Zeit besucht, und muß sagen, daß mir die Munterkeit, der Fleiß und die Ordnung, welche ich fand, sehr viel Vergnügen gemacht haben. Die Einrichtung bleibt auch gewiß, da die Aeltern hier ihre Töchter mit sehr wenigen Kosten, zu weiblichen Arbeiten können anweisen lassen, welche auch für Frauenspersonen vom geringsten Stande unentbehrlich sind.

  Das von mir erwähnte Gesuch der Benedicti- Gemeine, wegen Verbesserung ihrer deutschen Schule le (Schulfreund, B. 2. S. 83.) hat seitdem auch schon die Wirkung gehabt, daß in diesem Sommer ein anderes Schulhaus angekauft, und zu mehreren Klassen eingerichtet worden ist. Gegen künftigen Winter wird vermuthlich die Sache so weit gedeihen, daß die verbesserte Schulanstalt, auch hier ihren Anfang nimmt; welches mir vielleicht eine neue angenehme Gelegenheit geben wird, meine Schulnachrichten von Quedlinburg fortzusetzen.

Jetzt komme ich auf die ganz neuerlich bey uns errichtete Schulanstalt in unserm Armen- und Arbeitshause. Sie hat der seit etwas länger als einem Jahre zu Stande gekommenen verbesserten Einrichtung unsers ganzen Armenwesens, ihr Entstehen zu danken. Man muß es zur Ehre unserer guten Fürstin sagen, daß sie den rühmlichen Patriotismus unserer Bürgerschaft zur bessern Versorgung hiesiger Armen, mit allem Nachdruck unterstützt hat, wovon sich die wohlthätigsten Folgen schon zeigen, und künftig, so Gott will, noch mehr ausbreiten werden. Es war für Quedlinburg durchaus nöthig, wenn dem Müßiggange unter unsern Armen mit Nachdruck gesteuert, und ihre Kinder zum Fleiß gewöhnt werden sollten, daß man ihnen einen Ort anweisen mußte, wo sie beständig Arbeit finden und unter Aufsicht arbeiten konnten. Hierzu wurde im Sommer 1791. unser Arbeitshaus eingerichtet, und in dem darauf folgenden Herbst geöffnet. Allein da man zugleich einsahe, he, daß hauptsächlich für bessere Erziehung und moralische Bildung der Kinder der Armen gesorgt werden müßte, wenn man an ihnen nicht einen beständigen Zuwachs von Armen und Bettlern haben wollte: so wurde zugleich die Anlage gemacht, im Armenhause eine freie Lehranstalt für arme Kinder zu errichten. Bisher hatten sie das Schicksal, was sie in so vielen andern Städten haben, auch bey uns, daß sie ohne alle Aufsicht und Erziehung heran wuchsen. Aeltern solcher Kinder können sehr wenig an ihnen thun, und versäumen auch oft dies Wenige, denn sie selbst sind gewöhnlich ohne alle Ausbildung, ohne Begriffe von der Wichtigkeit und dem Umfange der Aelternpflichten, herangewachsen. Der Mangel, mit dem sie täglich zu kämpfen haben, bringt manche noch dahin, daß sie ihre Kinder von den ersten Jahren an zur Arbeit anhalten, damit sie sich ihr Brod selbst verdienen müssen; und das sind noch die Besten unter den Armen, die dieses thun. Andere, welche noch sorgloser sind, entschlagen sich fast aller Fürsorge für ihre Kinder. Sobald sie nur gehen können, schicken sie dieselben fort, sich ihr Brod zu erbetteln; auch wol, wenn sie größer werden, durch kleine Mausereien etwas herbey zu schaffen. Bedauernswürdiges Loos dieser Unglücklichen! Sie werden mehrentheils Müssiggänger und Landstreicher, die dem Staate unendlich mehr Schaden thun, als Diebe von Profeßion. An moralischer Erziehung und Unterricht hat es solchen

chen Unglücklichen in ihrer Jugend fast ganz gefehlt, und zwar, fast ganz ohne ihre Schuld; daher auch von ihnen, selbst bey zunehmenden Jahren, eher Verschlimmerung zu fürchten, als Verbesserung zu hoffen ist. — Da hier viele Aeltern außer Stande sind, etwas zur bessern Erziehung ihrer Kinder zu thun, viele auch, weil sie selbst zu roh und zu unwissend sind, es aus Sorglosigkeit unterlassen; so ists nöthig, daß der Staat an ihre Stelle tritt.

Bey Einrichtung unsres Arbeitshauses wurde deswegen gleich dahin gesehen, dabey eine Schulanstalt für arme Kinder zu gründen. In dem neu angeordneten Armenkollegio hatte unsre Fürstin schon besonders mit dadurch auf die moralische Verbesserung der Armen Rücksicht genommen, daß sie unsern Herrn Consistorialrath H e r m e s, nebst mir, zu Beisitzern verordnet hatte. Ausser dem allgemeinen Antheil an den sämmtlichen Geschäften des Kollegiums, ist uns die Einrichtung und Aufsicht über die Armenschule und die moralische Aufsicht über die sämmtlichen Arme nbesonders übertragen worden.

Dieser übernommenen Verpflichtung zu Folge, liessen wir es unsre erste Sorge seyn, einen brauchbaren Lehrer für den armen, vernachlässigten Haufen der Kinder zu schaffen. Wir konnten ihm nur eine mäßige Belohnung für seine Mühe, für den Anfang verschaffen, und deswegen dies Amt keinem anbieten, der weiter keine Hülfsquellen seines Unterhalts hatte. Hier kam uns aber das sehr zu
statten,

statten, daß wir einen unserer Schüler vom Gymnasio dazu nehmen konnten, der seine Emolumente als Chorist beibehielt. Es wurde also der Schüler Stumme angenommen, der sich bisher durch sein gutes Betragen empfohlen hatte, und außerdem einst Lehrer an einer deutschen Schule werden wollte.

Im Anfange des Octobers wurde unser Armenhaus und die Schule würklich eröffnet. Da hier keiner von den Erwachsenen zur Arbeit gezwungen wird, so versammleten sich nur die Armen, welche freiwillig arbeiten wollten. Sie spinnen und kratzen Wolle, welche ihnen sowol, als die Geräthschaften und Werkzeuge, gegeben werden. Sie haben dabey, so lange sie arbeiten, am Tage Aufenthalt, Licht und eine warme Stube im Winter, und was sie arbeiten, wird ihnen nach dem gewöhnlichen Preise bezahlt: wobey sie allemal besser stehen, als wenn sie in ihren Häusern für sich arbeiten. Die Kinder hingegen müssen, wenn sie sechs bis sieben Jahr alt sind, alle die Schule im Arbeitshause besuchen, und außer den Schulstunden arbeiten, wozu sie unter der Aufsicht des Werkmeisters und der Erwachsenen, angewiesen und angehalten werden; es müste denn seyn, daß sie unter gewissen Umständen auf einige Zeit von dem letztern dispensirt würden, oder Erlaubniß erhielten, außer den Schulstunden zu Haus zu arbeiten.

Da

Da es nöthig war, daß die Kinder außer den Schulstunden noch Zeit genug übrig behielten, zum Arbeiten; so mußte die Zeit des Unterrichts eingeschränkt werden, und man konnte nicht so viele Lehrstunden ansetzen, als sonst in den Schulen gewöhnlich sind. Es war auch noch nicht mit Gewißheit voraus zu sehen, wie sich die Anstalt erhalten, und wie sich die Zahl der Kinder vermehren oder vermindern würde. Hierzu kam noch, daß die Kinder selbst, sehr wenige ausgenommen, ganz roh waren. Viele kannten kaum die Buchstaben, oder konnten höchstens leichte Sylben buchstabiren, und viele kannten gar noch keinen Buchstaben. Der Lehrer mußte sich deswegen anfangs fast nur angelegen seyn lassen, Unterricht im Lesen, und in den ersten Religionskenntnissen zu geben. Hierzu wurden nicht mehr, als fürs höchste die beiden Vormittagsstunden, von 8 bis 10 Uhr bestimmt. Herr Consistorialrath Hermes entwarf einen Plan, der bei der ganzen Einrichtung zum Grunde gelegt wurde. Ich will ihn hier mittheilen, weil er die Stelle einer instructiven Nachricht von der ganzen Einrichtung unserer Armenschule vertreten kann.

Plan zur Einrichtung der Armenschule im Arbeitshause.

I. Allgemeine Gesetze.

1. Alle armen Kinder, welche zur Arbeit im Arbeitshause angewiesen werden, müssen auch die

Schulfreund, 5s Bdn.   G   Leh-

Lehrstunden in der Schule besuchen. Nur diejenigen sind davon ausgenommen, welche das letztere Jahr wenigstens die vormittäglichen Stunden in einer andern deutschen Schule besuchen sollen*).

2. Wenn Kinder, zwischen 6 und 9 Jahren, die noch nicht zur Arbeit tüchtig sind, gleichwol diesen Unterricht mit zu genießen wünschen, so kann ihnen solches auf specielle Erlaubniß der beiden Inspectoren zugelassen werden**).

3. Kein Kind darf die Schule ohne dringende Ursachen, und ohne vorgängige Anzeige beim Lehrer und Werkmeister, bey Verlust des wöchentlichen Almosens, oder seines ganzen Antheils an der Armenkasse, Tage- gar Wochenlang versäumen.

4. Nicht minder muß sich jedes Kind des Morgens zur bestimmten Zeit, nämlich im Sommer noch vor 7 Uhr, und im Winter gegen 8 Uhr einfinden, damit der Unterricht durch die später kommenden nicht unterbrochen werde.

5. Der Unterricht dauert für jetzt zwey Stunden; nämlich im Sommer von 7 bis 9 Uhr, und im

---

*) Diese Einrichtung war, wenigstens für die erste Zeit, nöthig, weil der Religions-Unterricht für Confirmanden nicht ausführlich genug war. Der Lehrer muß wegen des größern gar noch nicht unterrichteten Haufens nur bey den ersten Elementen stehen bleiben.

**) In der Regel müssen jetzt schon gesunde Kinder von 7 Jahren die Schule besuchen, und den Anfang mit arbeiten machen.

im Winter von 8 bis 10 Uhr. Sollten die Umstände erfordern, daß noch einige Kinder besonders Unterricht im Schreiben u. s. f. erhielten, so soll die Zeit dazu künftig näher bestimmt werden *).

II. **Besondere Gesetze für den Lehrer.**

1. Des Lehrers Pflicht ist, sich bey der ihm aufgetragenen Unterweisung lediglich nach der Vorschrift der beiden jedesmaligen Schulinspectoren dieser Schule zu richten; und daher in allen vorkommenden Fällen bey ihnen Belehrung und Entscheidung zu suchen.

2. Er muß durch Liebe und Ernst sich das nöthige Ansehen bey den ihm anvertrauten Kindern zu verschaffen suchen; keine Unordnungen dulden; und zu dem Ende allenfalls zu schärfern Bestrafungen seine Zuflucht nehmen, wenn gelindere Mittel nicht helfen wollen. Sollte sich Einer oder Mehrere grober Verbrechen schuldig machen, so darf er jedoch nicht eigenmächtig strafen, sondern meldet den Fall bey der Inspection.

3. Morgens muß er noch etwas früher im Arbeitshause gegenwärtig seyn, als gewöhnlich die Kinder eintreffen; sie auch nie allein lassen; sondern sie, nach Endigung des Unterrichts, zuvor der Aufsicht des Werkmeisters übergeben.

4. Wird

---

*) Was hierin bereits abgeändert worden ist, werde ich nachher anführen.

4. Wird er gehindert, selbst die Stunden abzuwarten, so muß er nicht nur einen andern Lehrer für sich stellen; sondern auch solches, und wem er seine Stunden übertragen hat, zuvor den Inspectoren melden.

5. Die auf Kosten der Armenkasse angeschafften Schulbücher stehen unter seiner Aufsicht. Er verwahret sie in einem dazu vorhandenen Schranke; giebt in jeder Stunde die nöthigen heraus; läßt sie sich beim Schluß des Unterrichts wieder zurück geben; siehet auch sorgfältig dahin, daß keins davon entwendet oder zerrissen werde.

6. Er hält sich eine Liste von denen zur Schule gehörigen Kindern; merket darin täglich die Fehlenden an; und fertiget darnach am Ende eines jeden halben Jahres seine ans Allmosencollegium abzugebende **Hauptliste** mit andern nöthigen Bemerkungen, an.

7. Der Anfang des Unterrichts wird jedesmal mit Absingung einiger Verse aus einem passenden Liede gemacht, welche allenfalls auch nach und nach von den Größern auswendig gelernt werden können. Alsdann folgt das Morgengebet, welches von dem Lehrer selbst, oder auch zuweilen von einem der Geübtesten vorgelesen werden kann.

8. Zu den eigenthümlichen Beschäfftigungen des Lehrers gehören, folgende Puncte:

Erst-

Erstlich: Unterricht in den Anfangsgründen der Religion, nach der ihm von der Inspection ertheilten nähern Anweisung.

Zweitens: einige Uebungen zur Erweckung der Aufmerksamkeit und des Nachdenkens.

Drittens: Unterricht im Buchstabiren und Lesen, nach Anleitung des vorgeschriebenen Lehrbuchs.

Zum Leitfaden des Unterrichts konnten nicht füglich mehrere Bücher gewählt werden, weil es für die Armenkasse, welche die Bücher anschafft, für den Anfang zu viel Kosten würde verursacht haben. Es wurde daher das beliebte kleine Junkersche Schulbuch gewählt, weil es am wohlfeilsten und bequemsten war, um es bey dem ganzen Unterricht zum Grunde zu legen.

Die Schule wurde in Gegenwart einiger Beisitzer des Allmosencollegiums vom Herrn Consistorialrath Hermes und mir, mit einer kleinen Feierlichkeit eröffnet, und es versammleten sich gegen 40 Kinder. Sie wurden geprüft, und nach ihren Fähigkeiten in verschiedene Klassen vertheilt. Die mehresten konnten gar nicht lesen, und der Lehrer mußte daher anfangs sich vorzüglich es angelegen seyn lassen, sie nur im Lesen etwas weiter zu bringen.

Schon in dem ersten Vierteljahre sahe man mit Vergnügen, daß wir an unserm guten Stummen eine sehr glückliche Wahl getroffen hatten. Er wußte seine Untergebenen mit Ernst zur Ordnung zu gewöhnen, und mit Güte zum Fleiß aufzumuntern. Die Kinder bezeigten bald Lust zur Schule, nahmen sichtbar in ihren Kenntnissen zu, und wurden auch gesitteter in ihrem ganzen Betragen. Dieser gute Anfang hatte die Wirkung, daß auch mehrere arme Aeltern kamen, und um Aufnahme ihrer Kinder in die Schule baten. Ihre zunehmende Anzahl aber machte es wieder nöthig, daß die beiden Schulstunden Vormittags, schon nach dem neuen Jahr, noch mit einer dritten vermehrt werden mußten, weil sonst zu wenig Zeit auf den Religionsunterricht gewendet werden konnte. Zugleich wurde die Einrichtung getroffen, daß die Kinder nun nicht alle mehr die ganze Zeit des Unterrichts hindurch in der Schule zusammen blieben. Während dem, daß die Kleinern und einige Erwachsene, die noch sehr weit zurück sind, Unterricht bekommen, sind die Uebrigen in der Werkstube, und arbeiten; und dann wechseln diese wieder mit jenen ab. Besuchen müssen die Kinder die Schule so lange ordentlich, bis sie zum erstenmal zum Abendmahl gegangen sind; von welcher Zeit an, außerordentliche Fälle ausgenommen, auch ihr Antheil an den Almosen der Armenkasse aufhört.

Zum

Zum Unterricht im Schreiben fehlte es im ersten Winter an bequemer Gelegenheit. Allein mit dem angehenden gegenwärtigen Sommer meldeten sich mehrere, zumal Knaben, und baten inständigst, daß man sie möchte Schreiben lehren lassen. Es wurde also dazu die Stunde von 3 bis 4 Uhr Nachmittags ausgesetzt. Wir wollten es dem Lehrer Stumme, weil sein Gehalt zu geringe war, und er außer seinen Schulstunden noch viel andere Geschäffte hatte, nicht zumuthen, auch diese Stunde zu übernehmen, sondern dachten, sie einem andern Schüler vom Gymnasio aufzutragen. Ich muß es aber hier rühmen, daß er sich freiwillig gegen uns erklärte, da wir mit ihm hierüber sprachen: Er wünsche, daß man es ihm erlauben möchte, den Unterricht im Schreiben auch zu übernehmen, denn er kenne doch die Kinder nun einmal am besten; sie seyen an ihn gewöhnt, und ihre Lust, die sie bezeigten, lasse ihn hoffen, daß ihm diese Stunde nicht zur Last fallen werde. — Uns war diese Erklärung freilich lieb, und wir gaben davon dem versammelten Armencollegio Nachricht, welches ihm dann auch, zum Beweise der Erkenntlichkeit, für diese Stunde, eine kleine Zulage bewilligte; wie es auch schon geschehen war, da er vorher die dritte vormittägliche Lehrstunde übernahm. Denn, obschon unsre Kasse jede Ausgabe aufs möglichste einzuschränken nöthig hat; so würde es doch unbillig gewesen seyn, dem Lehrer diese neue Arbeit ohne alle Vergütung aufzubürden, da er auch sonst bisher sein Amt mit so vielem Fleiß und Treue versehen hatte, und sein ganzer Gehalt, die beiden Zulagen mitgerechnet, immer nur noch eine sehr mäßige Belohnung für seine Bemühungen bleibt.

Bis jetzt haben aber auch nicht alle Kinder, welche Schreiben zu lernen verlangten, zugelassen werden können. Es sind nur diejenigen für den Anfang in die Schreibstunde aufgenommen worden, welche ziemlich heran gewachsen sind, und die mehreste Lust bezeigten; weil es noch für alle an Raum fehlte, und eine größere Anzahl es dem Lehrer unmöglich gemacht haben würde, ihnen allen die anfangs nöthige Anleitung zu geben.

Eine der größesten Unbequemlichkeiten, welche aus der zunehmenden Menge der Kinder für die Armenschule, und überhaupt aus der Menge der Arbeiter entstand, war diese, daß es sowol in der Schul- als auch in den beiden Arbeitsstuben schon im ersten Winter sehr an Raum fehlte. Die Anzahl der Schulkinder belief sich schon um Ostern gegen 90, und in dem alten Gebäude, worin jetzt die Schule und Arbeitsstuben waren, ließ sich keine Erweiterung machen. Es ist deswegen in diesem Sommer ein ganz neues Gebäude erbauet, und mit dem alten verbunden worden, welches zwey sehr

geräu-

geräumige Zimmer enthält, welche so hoch, luftig und gesund sind, wie sie für eine solche Anstalt seyn müssen. In der obern Etage ist die Schulstube angelegt, darin über 100 Kinder bequemen Platz haben, und, wie gesagt, jeden Vormittag drey Stunden unterrichtet werden. Vier Stunden in der Woche lernen die Erwachsenern Nachmittags schreiben; doch wird dieses nur denen gestattet, welche durch ihren Fleiß und Lernbegierde Hoffnung geben, daß ihnen dieser Unterricht nützlich werden wird.

So weit sind wir mit unserer Schulanstalt gekommen. Wir hoffen durch die Unterstützung und Thätigkeit so vieler Menschenfreunde, unter Leitung der göttlichen Fürsehung, nicht nur die gute Sache zu erhalten, sondern auch mit der Zeit immer nutzbarer einzurichten. Mir wird es Freude seyn, wenn ich diese Nachricht nach einiger Zeit fortsetze, recht viel Gutes von einer Einrichtung sagen zu können, wovon sich für die moralische Besserung der armen Jugend gewiß viel Gutes erwarten läßt.

Cramer.

2. Sommerschule zu Immichenhain, in der Grafschaft Ziegenhain.

Die Winterschule haben unsere Kinder nach meinem im Schulfr. 4. Bd. S. 125. mitgetheilten

Plan, mit Vortheil besucht. Gnug zur Belohnung für meine kleine Bemühungen, theils mit den Schulmeistern, theils mit den Kindern und ihren Aeltern. In der Woche vor Ostern bestimmte ich zween Tage zum feierlichen Examen; den ersten gieng ich aufs Filial, und den nächsten nahm ich die hiesige Schule vor. Bei meinen Schulbesuchen entdeckte ich an dem einen Schulmeister diese, an dem andern jene Nachläßigkeit. Der eine übte die Kinder nicht im Lesenlernen geschriebener Aufsätze, Briefe, Quittungen u. d. gl. Der andere ließ die untern Klassen nach seiner alten, ihm und seinem Urvater behaglich gewesenen Leier, aufsagen. Jedem zeigte ich nach jedesmal geendigtem Schulbesuch, in Abwesenheit der Kinder, liebreich, belehrend, seinen Fehler; aber es blieb dennoch dabey, indem sich jeder mit der Unmöglichkeit entschuldigte. Ein zufälliges Glück war es, daß, was der eine für unmöglich hielt, der andere mit gutem Erfolg betrieb. Ohne also jeden, das ich jetzt noch nicht für rathsam hielt, durch strengere Befehle zu seiner Pflicht anzuhalten, übersah ich jene Fehler, in der Hoffnung, daß ich beim Examen ungesucht die schicklichste Gelegenheit erhalten würde, jeden zu überzeugen und zu bessern. Jeder Schulmeister mußte dem Examen des andern beiwohnen, und da machte ich jeden auf das aufmerksam, was er für unmöglich gehalten hatte. *) Das

---

*) Ueberhaupt wäre es wol gut, wenn der Prediger solchen Prüfungen beizuwohnen, einen Prediger und

Das Verzeichniß der Schulkinder liegt noch vor mir, dabey ich den Schulmeistern in die letzte Rubrik meine eigene Bemerkungen schreibe. Das Mittel war recht gut, und ich kann es jetzt, mit mehr Ueberzeugung empfehlen. Im diesjährigen Winter besuchten die Kinder unsere Schulen viel schlechter. Jetzt finde ich nur zwey Kinder als nachläßig angemerkt. Das eine versäumte die Schule 15, das andere 7mal. Das eine mußte seinen trägen, durch Faulheit und Unordnung zurückgekommenen Aeltern Flachs reinigen; das andere, ein Knabe, schickte sein geiziger Vater auf den Garnhandel aus. Beider Aeltern mußten, da sie von selbst kamen, ihre Kinder zu entschuldigen, der Prüfung beiwohnen, und selbst bemerken, daß ihre Kinder gegen die übrigen Kinder von gleichem Alter, sehr zurück waren; nach der Prüfung aber wurden sie von mir nachdrücklich zur Besserung ermahnet.

So und Schulmeister aus dem benachbarten Kirchspiel ersuchte. Die Prüfung der Jugend würde dadurch feierlicher, bekäme mehr Ansehen, und unter die Schulmeister selbst käme mehr Nacheiferung des bey dem Examen ausgezeichneten Guten. — Der Prediger des Orts, sey er auch der ehrlichste Mann, ist oft bey solchen Prüfungen in einer Lage, die ihn nöthigt, manche Fehler des Schulmeisters zu übersehen, das ein anderer nicht braucht. Wir sind ja Menschen — die Schulmeister haben im Dorf viel Vettern, und oft reiche — Bauern zu — Gevattern.

So viel Mühe ich mir auch gab, durch Abwechselung und Unterhaltung die Kinder in der Schule ganz zu beschäfftigen, daß sie durch Unthätigkeit nicht auf Sittenverderbende Beschäfftigungen verfallen möchten; so habe ich doch erfahren, daß ich in der Beziehung meinen Zweck durch die vorgeschlagene Einrichtung nicht bey allen erreichen werde. Es ist fast unmöglich, daß ein gewöhnlicher Schulmeister, auch bey dieser Einrichtung, nur 30 Kinder 2 Stunden in der nöthigen Aufmerksamkeit erhalte; um so aufrichtiger wünsche ich jetzt, daß es an jedem Ort möglich gemacht werden möchte, Industrieschulen mit den Lehrschulen zu verbinden. Gottlob, daß in unserm Vaterlande durch würdige, gemeinnützige, thätige Männer von Einsicht und Menschenliebe, ein glücklicher Anfang gemacht ist. Sobald sich meine Lage ändert, wünsche ich ihr Nachfolger mit eben dem Segen werden zu können. An mir soll es gewiß nicht fehlen. — In unsern kleinen Landstädten, wo Armuth und handwerksmäßige Betteley durch Unwissenheit, Unthätigkeit und ausschweifende Lebensart täglich mehr einreißt, sind solche Anstalten, wie in Rotenburg an der Fulde u. a. O. weit nöthiger, als auf dem platten Lande. Hier wäre es auch wol erst möglich, wenn Prediger und Beamten einstimmig Hand an das gute Werk legten. Wir predigen, verbessern den Unterricht auf Kanzeln und in Schulen, und doch verwildern unsere Zeitgenossen,

zur

zur Schande unserer Aufklärung, und zum Nachtheil des allgemeinen Besten. Daher Ungehorsam, Halsstarrigkeit, Widerwillen. Ist das nicht Beweis genug, daß jene Verbesserungen noch nicht hinreichend sind? Ist es nicht Zuruf genug, mit ihnen noch andere zu verbinden? Lassen Sie uns mehr Fleiß und Geschicklichkeit in Handarbeiten unter den gemeinen Mann bringen, durch Unterrichten der Schuljugend! Lassen Sie uns den wohlthätigen Thätigkeitstrieb, der jetzt in den meisten Schulen verbildet wird, durch Industrieschulen zweckmäßiger nähren; unsere Zeitgenossen werden dann thätiger, geschickter, industriöser, tugendhafter, werden aber auch mehr Nahrung, und unsere Fürsten, hört es, ihr Mächtige der Erde! bessere, gesündere, treuere Unterthanen erhalten. Aufklärung kann alsdann nicht schaden; wie denn dies überhaupt ein Gedanke ist, den irrige Begriffe von Aufklärung erzeugt haben. Wenn ich bedenke, daß die pretia rerum überall gestiegen sind, auch die pretia des Bauernstandes, der Tag- und Gesindelohn; so kann meines Erachtens, Armuth, Mangel, nicht Folge der öffentlichen Abgaben seyn, sie sind vielmehr Folgen der Unthätigkeit des mangelnden Industriegeistes, des Luxus, des dummen Stolzes und der einreißenden Wollustsünden. Das Gesinde verschwendet seinen Jahrlohn, ohne alle Aufsicht der Brodherren, auf die niederträchtigste Weise. Es versteht nichts als grobe Arbeit. Arm bringen die Mädchens, durch Hurerey, sich aus Dummheit an Männer, und verkommen aus Unwissenheit in ihren zerlumpten Kleidern, die sie nicht einmal ausbessern lernten. Aeltern, welche diese Kunst selbst nicht verstehen, und froh sind, wenn ihre Kinder nur erst den Bettelstab von Ort zu Ort tragen können, wie sollen diese ihre Kinder jene Kunst lehten? Die Schulen und bessern Armenanstalten sind das einzige Mittel, diese, das Mark des Staats verzehrende Uebel, abzuschaffen. Sollten wir nun die Schulen zuschliessen? Welcher Unsinn!!! Man verzeihe mir diesen gerechten Eifer!

Noch einen wichtigen Gegenstand kann ich hier nicht übergehen; gehöre er auch eigentlich an einen andern Ort. Viele Unterthanen leisten jetzt wenigstens mit Widerwillen der Obrigkeit den schuldigen Gehörsam. Aufklärung ist daran wahrlich nicht schuld; vielmehr Mangel an aufgeklärten Begriffen. Bedenken Sie jetzt nur das, was ich hier anmerken will. Die Jugend kömmt aus den Schulen, tritt ins Jünglings- und endlich ins Männerleben, ohne alle Kenntniß von den Landesverordnungen. Sie werden Bürger, schwören den Bürgereid, ohne jene Kenntniß; übertreten ihn am nächsten Morgen, werden von Rechtswegen gestraft, ob sie gleich aus Unwissenheit gesündigt haben, auf welche die Obrigkeit keine Rücksicht nehmen kann, wenn sie nicht zugeben will, daß sich jeder mit seiner

ner Unwissenheit entschuldige, und allen Lastern Thür und Thor geöffnet werde. Manchmal ist es doch aber auch error invincibilis. Muß nun nicht in einem solchen Fall der Bestrafte boshaft werden? Zu wünschen wäre es daher, daß man in jeder Schule die Kinder mit den Gesetzen des Vaterlandes bekannt machte *), und sie ihnen von der wohlthätigen Seite zeigte. Man könnte ja leicht für die Schulen einen solchen angemessenen kurzen Auszug von den wichtigsten Verordnungen besorgen lassen, und ihn jenen Kindern erklären, die, sobald sie aus der Schule sind, weder Zeit, noch Gelegenheit haben, sich diese Kenntniß zu verschaffen. Die Worte unsers Erlösers: Gebt dem Kaiser, was des Kaisers ist u. s. w. können wir in unsern Tagen nicht christlich genug erklären. Doch vor jetzt genug, nun zur Hauptsache, über die ich mich jetzt

---

*) Sehr nachahmungswerth fand ich in dieser Hinsicht auf meiner im August v. J. gethanen Reise durchs Thüringische, die Anstalt in der Schule des Schullehrer Seminariums zu Gotha — welche unter der Direktion des würdigen Landschulinspektor Haun steht, die Einrichtung: daß nach einem kleinen Leitfaden die Landesgesetze und Verordnungen mit den Kindern vorgenommen wurden, welches ordentlich alle Sonnabend geschieht. Auch fand ich, daß die größern Töchter, während die kleinern unterrichtet wurden, sich mit Stricken und weiblicher Handarbeit nützlich beschäftigten.

A. D. H.

jetzt mit Ihnen unterhalten wollte; Sommerschulen.

Sie besuchten in vorigen Zeiten unsere Kinder von Ostern bis Pfingsten wöchentlich vier, von Pfingsten bis Johannis 2mal, und dann bis Michaeli — gar nicht. Die größern Kinder nehmen die Aeltern mit an die Feldarbeit, und die kleinern bewahren das Haus und die Säuglinge, in der Abwesenheit ihrer Aeltern. Die Mittagszeit hielt der Schulmeister für die schicklichste, und nach meiner Erfahrung ist sie gerade die unschicklichste. Zum Schulhalten und zum Schulgehen ist man zu keiner Zeit weniger aufgelegt, als des Mittags. Man schläft um diese Zeit lieber an einem kühlen Ort, und will man sich mit Gewalt anstrengen, so schadet es der Gesundheit. Für die Schulmeister mag diese Stunde wol nicht die schicklichste seyn, da sie doch, um das Mittagszeichen zu geben, von der Feldarbeit abbrechen, und in das Dorf müssen. Die Kinder, welche auf dem Felde sind, hören das Zeichen nicht, oder mögen den Weg nicht gehen, und die, welche die Säuglinge warten, dürfen das Haus nicht offen stehen lassen; die Aeltern aber, während der Erndtezeit, diese beste Sonnenstunde, um ihre Kinder zur Schule zu schicken, das Feld nicht verlassen. Darf es uns nun wundern, wenn von Johannis bis Michaelis die Sommerschule gar nicht besucht wird? In unserer Verordnung heißt es ausdrücklich: "Ältern sind schuldig, ihre Kinder "zur Schule zu schicken. Es muß dieses, zumal "in Dörfern, sowol Winters als Sommers, "geschehen. Wäre es auch an einigen Orten nicht "thunlich, die Kinder in der Aerndtezeit täglich, Vor- "und Nachmittags, zur Schule zu schicken, so soll "doch dieses wenigstens wöchentlich zwei bis drei "mal am Vormittage geschehen." *)

Das war schon längstens Verordnung, sie wurde aber übertreten, aus strafbarer Nachsicht der Schulinspektoren. Wurde denn auch hier aus der Acht gelassen, und eine Menge Schwierigkeiten stellten sich mir entgegen, als ich die Schule nun ein- für allemal des Morgens wollte gehalten wissen. Daß aber die Kinder die Sommerschule eben so un- ausgesetzt fleißig besuchen sollten, als sie die Win- terschule besuchen, dahin möchte es wol schwerlich gebracht werden können.

In der Aerndtezeit kann der Bauer zu seiner Arbeit nicht Hände genug bekommen; er ist mithin nicht blos genöthigt, seine Kinder mit an die Ar- beit zu nehmen, sondern die Arbeit ist auch vor- theil-

*) Ich verweise hier auf den vortrefflichen: Ver- such einer Anleitung zum Hessencas- selschen Kirchenwohl, vom Hrn. Regie- rungsrath Ledderhose. Cassel 1785. Paragraph. 389. S. 349 f.

theilhaft für die Kinder, wenn sie so nach und nach die Arbeit lernen, und sich daran gewöhnen sollen, welches sich nach der Konfirmation nicht auf einmal zwingen läßt. Manche Aeltern haben zu Haus kein Brod für ihre Kinder, sind froh, wenn sie dieselben als Hirtenjungen oder Kinderwärterinnen den Sommer über unterbringen können. Was soll man thun, da es doch nicht zu leugnen ist, daß der Weg zum Himmel durch ein mühevolles Erdenleben geht? Thränen muß man weinen, wenn die armen Aeltern uns ihre Noth von dieser Seite klagend entdecken. Wem es einmal, wie mir selbst, einige Tage an Brod gemangelt hat, der wird sich gewiß nicht enthalten können, bey solchen Umständen Nachsicht zu haben, wenn er selbst in einer Lage ist, die es ihm, wie mir, unmöglich macht, jene Thränen durch thätige Unterstützung zu stillen. Nun kommt aber auf der andern Seite hinzu, daß, wenn diese Kinder im Sommer gar nicht zur Schule kommen, sie wieder zurück gehen. So arg inzwischen dies Uebel ist, so denkt man es sich doch gewöhnlich größer, als es ist. Große Gelehrte brauchen unsere Bauernkinder nicht zu seyn, mensa zu dekliniren, ist unnöthig, und mich dünkt, man wolle sie an einigen Orten jetzt zu viel lehren, und lehre sie im Grunde — nichts gründlich. Was der Bauer in der Haushaltung, zum gemeinen Leben, als ein guter Christ, chrilicher, treuer Bürger und Unterthan braucht, das lernt er in sieben Wintern doch, wenn er gleich im

Som-

Sommer nicht jeden Tag zur Schule kömmt, und nur in der Zeit, wo er kommen kann, richtig behandelt wird. Man hat in jeder Schulanstalt Ferien, dringt aber mit Recht darauf, daß die Herren der Ferien weder zu viel, noch die gegebenen zu lang machen. Für die Landjugend sind Aerndteferien die nützlichsten; alle andere sollte man ganz abschaffen. Wozu, daß man in Landstädten zu Ostern 4, zu Pfingsten 2, zu Michaelis 4 auch 5, zu Weihnachten 3 Wochen Ferien macht? Hier waren sonst eben diese Ferien, und da denn die Kinder zur Aerndtezeit nicht kommen konnten, so blieb am Ende für die Schule nur ein zerstümmeltes halbes Jahr. Jetzt hält der Schulmeister vor Ostern, Pfingsten und Christtagen Schule bis den nächsten Tag vor dem Fest, und giebt ihnen höchstens zu Christtag 8 Tage Ferien; dagegen erhalten unsere Kinder im Sommer, wenn die Arbeit häufig ist, Ferien.

Wir haben es uns zum unverbrüchlichen Gesetz gemacht, uns mit der Sommerschule, nach der Arbeit und der Witterung zu richten. Es fällt oft mitten in der Aerndte solche Witterung ein, daß der Landmann an seiner Landarbeit gar nichts vornehmen kann, und alsdann hält der Schulmeister desto fleißiger Schule. Wir können auch das leicht, da der Schulmeister die Schule jederzeit durch ein kurzes Zeichen mit der Glocke anzeigt; unterbleibt dies Zeichen, so ist keine Schule, und die Kinder gehen mit den Aeltern an die Arbeit; wird aber das Zeichen gegeben, so ist Schule. Bis dahin ist dies mit aller Ordnung befolgt worden, und die Kinder besuchten die Schule fleißiger, als bey der vorigen Einrichtung.

Damit aber doch nur so viel Ordnung seyn möchte, als möglich, so hält der Schulmeister im Sommer die Schule von des Morgens 6 bis 8; nimmt zuerst die größern, dann die kleinern Kinder vor, und schickt jene um 7 Uhr den Aeltern zurück. Er übt sie im Lesen, Schreiben, Rechnen, und läßt sie Bibelsprüche und Liederverse auswendig lernen. Den einen Tag schlagen sie Sprüche auf, den andern lesen sie im Noth- und Hülfsbüchlein, wo ihnen dann zuweilen ein vergiftetes oder ander nützliches Gewächse, aus unserer Feldmark vom Schulmeister gezeigt wird. Kann etwa einmal wegen der zur Aerndtezeit günstigen Witterung, in einer ganzen Woche keine Schule angezeigt werden; so kommen die Kinder, welche schreiben, des Sonntags Nachmittags eine Stunde zum Schulmeister. Ich hoffe nicht, daß, wenn überall auf dem platten Lande etwa durch einen Konsistorialbefehl diese Einrichtung angeordnet würde, und wenn die Prediger genaue Aufsicht darüber führten, unsere Schulkinder im Sommer zurück kommen würden. Den beiden Schulmeistern des hiesigen Kirchspiels habe

habe ich in dieser Beziehung folgende Gesetze vorgeschrieben:

1) Eigentlich soll der Schulmeister im Sommer, wie des Winters, jeden Tag Schule halten, und nach der Verordnung an dem Vormittage, weil die Mittagsstunde aus vielen reiflich erwogenen Gründen gerade die unschicklichste ist, und von den Kindern am wenigsten kann besucht werden.

2) Der Schulmeister darf auch nie im Sommer ohne hinreichende Ursachen, die er dann jedesmal dem Prediger anzeigt, die Schule aussetzen.

3) Es werden den Kindern keine Ferien auf bestimmte Tage, selbst zur Aerndtezeit nicht, ertheilet.

4) Der Schulmeister richtet sich mit der Sommerschule und den Ferien nach der Landarbeit und der jedesmaligen Witterung. Ist die Arbeit häufig und dringend, welches dem Schulmeister nicht unbekannt seyn kann, und die Witterung dieser Arbeit angemessen, so fällt die Schule weg; sie wird alsdann nicht angezeigt.

5) Die versäumten Tage werden bey Regenwetter mit aller Sorgfalt nachgeholt.

6) Diejenigen Kinder, welche ohne Erlaubniß dieser Verordnung zuwider handeln, merkt der Schulmeister an, und legt die Beweise davon,

nach Ablauf der Sommerschule, bey dem Examen dem Prediger vor.

7) Der Schulmeister liefert zu dem Ende auch bey dieser Prüfung ein Verzeichniß von den Schulkindern ein, das dem von der Winterschule völlig gleich ist.

8) Sollte ein Kind aus eigner oder der Aeltern Nachläßigkeit, im Sommer die Schule eine ganze Woche versäumen; so zeigt diese Nachläßigkeit der Schulmeister den nächsten Sonntag dem Prediger an, der denn das Nöthige deswegen besorgen wird.

9) Sollte etwa einmal in einer ganzen Woche es unthunlich seyn, Schule zu halten; so läßt der Schulmeister die größeren Kinder des Sonntags nach beiden Kirchen zu sich kommen, lieset mit ihnen im Noth- und Hülfsbüchlein, und läßt sie schreiben.

10) Das Schulzeichen wird des Morgens um 6 Uhr gegeben, und bis 8 Schule gehalten.

11) Damit die Bauernkinder von der Landarbeit, die sie, ihres künftigen Brods halber, jetzt schon nothwendig lernen müssen, nicht abgehalten werden, so nimmt der Schulmeister die obern Klassen zuerst vor, und schickt sie, nach einer Stunde, den Aeltern wieder.

12) Findet der Schulmeister ein giftiges oder der Gesundheit der Menschen oder des Viehes nützliches oder schädliches Gewächse, so macht er die

Kinder in der Sommerschule damit bekannt; wie denn selbst der Prediger solche Gewächse sammlen, und in die Schule schicken, oder selbst bringen wird.

13) Insbesondere mache es sich der Schulmeister zum Gesetz, die Kinder zum Gehorsam, Fleiß, Gefälligkeit gegen Andere, und zur Treue und Ehrlichkeit zu ermuntern.

14) Er habe deswegen ein wachsames Auge auf Sitten und das Betragen der Kinder, besonders auf kleine Diebereien und Schäden, welche die Kinder des Sommers oft in Gärten oder auf dem Felde verrichten, oder mit dem Viehweiden u. d. gl. vornehmen.

15) Er sehe darauf, daß die Kinder die Kirche fleißig besuchen, und nicht etwa zum Nachtheil ihrer Sitten, sich an das Herumlaufen im Walde gewöhnen. *)

16) Wenn die Kinder des Sonntags an offenen Gemeinplätzen sich mit spielen, springen u. d. gl. belustigen, so lege der Schulmeister ihnen keine Hindernisse in den Weg; desto mehr aber suche er es zu verhindern, daß sie nicht in Ställen, Scheunen, Winkeln oder andern abgelegenen Orten

H 4 herum

*) Die Kinder laufen auf dem Lande des Sonntags häufig im Walde herum, suchen Vogelnester, Erdbeeren, Nüsse, thun Schaden im Walde und den jungen Pflanzungen u. d. gl. zerreißen ihre Kleider, werden ungezogen, wild, wollüstig, ausschweifend, verbilden für den Staat.

herum kriechen, oder andere, den Sitten und der Gesundheit nachtheilige, Spiele vornehmen. *)

17) Bemerkt der Schulmeister an den Kindern etwas, das ihm misfällt, so zeige ers dem Prediger an, und befolge treulich dessen Rath.

18) Der Schulmeister nehme bey solchen Fällen immer die Miene des Freundes und ernsten Vaters, nie aber des strengen Richters, an, wozu gerade am wenigsten Recht hat.

Nun muß ich Ihnen denn auch wol noch einige Nebenmittel sagen, deren ich mich bedient habe, um die Kinder in die Sommerschule zu bringen. Die Schule sahe ich immer als den wichtigsten Gegenstand meines Berufs an, und schon das hat nach und nach Einfluß auf die Schulmeister in meinem Kirchspiel. Dinte, Papier und Federn schenke ich den fleißigen Schülern; sie und ihre Aeltern

---

*) Manche Schulmeister, auch wol mit unter steife Prediger, suchen was besonders darin, wenn die auf offenen Gemeinplätzen sich belustigende Jugend vor ihnen fliehet. Es ist immer besser, die Jugend belustigt sich an solchen Orten, wo sie von jedem Vorübergehenden beobachtet werden kann, als daß sie sich in abgelegene Orte verkriecht, wo die stille Einsamkeit sie Böses lehrt.— Es wäre gewiß gut, wenn des Sonntags die Dorfjugend unter der Aufsicht des Schulmeisters sich belustigte. Wer in seiner Jugend nicht auf dem Eise gehen lernt, nicht über Graben springt, fällt als Mann, wenn er muß.

tern lieben mich dafür. Sind gleich diese Geschenke unbeträchtlich an sich, so sind sie es doch gewiß wegen ihrer Folgen nicht. Meine Besoldung erlaubt mir nicht mehr. Wer mehr thun kann, und thut es mit dem Herzen, mit dem ich meinen Pfennig zur Verbesserung meiner Brüder darreiche, der wird mehr Nutzen stiften, mehr Segen ärndten. — Auch im Sommer besuche ich die Schule. Dies hat die Folge, daß der Schulmeister, bestochen durch Vetterschaft, mich nicht betrügen kann, und sich Niemand auf diesen Betrug verläßt. Gewinn genug für diesen kurzen Morgenbesuch. — Von einer andern Seite genommen, sind diese Schulbesuche im Sommer fast nöthiger, als im Winter. Wir mögen den gewöhnlichen Schulmeistern die besten Vorschläge in die Hände geben, so weichen sie doch von denselben ab, wenn wir nicht auf sie die genaueste Aufmerksamkeit verwenden. Ja, ich glaube, die Aufmerksamkeit würde auch alsdenn noch nöthig seyn, wenn wir gleich, wie der gelehrte Hr. Verfasser des Buchs: **Gedanken und Vorschläge zur Verbesserung des Volks durch Verbesserung seiner Lehrer. Eine Zeitschrift, allen weisen Fürsten, Staatsmännern und Menschenfreunden zugeeignet. Leipzig, bey Crusius, 1791.** — vorschlägt, Kandidaten des Predigtamts zu Schulmeistern erhalten sollten. Manche Vorschläge in dieser Schrift sind wohl durchdacht, und die Einwürfe

herum kriechen, oder andere, den Sitten und der Gesundheit nachtheilige, Spiele vornehmen.*)

17) Bemerkt der Schulmeister an den Kindern etwas, das ihm misfällt, so zeige ers dem Prediger an, und befolge treulich dessen Rath.

18) Der Schulmeister nehme bey solchen Fällen immer die Miene des Freundes und ernsten Vaters, nie aber des strengen Richters, an, wozu gerade am wenigsten Recht hat.

Nun muß ich Ihnen denn auch wol noch einige Nebenmittel sagen, deren ich mich bedient habe, um die Kinder in die Sommerschule zu bringen. Die Schule sahe ich immer als den wichtigsten Gegenstand meines Berufs an, und schon das hat nach und nach Einfluß auf die Schulmeister in meinem Kirchspiel. Dinte, Papier und Federn schenke ich den fleißigen Schülern; sie und ihre Aeltern

---

*) Manche Schulmeister, auch wol mit unter steife Prediger, suchen was besonders darin, wenn die auf offenen Gemeinplätzen sich belustigende Jugend vor ihnen fliehet. Es ist immer besser, die Jugend belustigt sich an solchen Orten, wo sie von jedem Vorübergehenden beobachtet werden kann, als daß sie sich in abgelegene Orte verkriecht, wo die stille Einsamkeit sie Böses lehrt.— Es wäre gewiß gut, wenn des Sonntags die Dorfjugend unter der Aufsicht des Schulmeisters sich belustigte. Wer in seiner Jugend nicht auf dem Eise gehen lernt, nicht über Graben springt, fällt als Mann, wenn er muß.

tern lieben mich dafür. Sind gleich diese Geschenke unbeträchtlich an sich, so sind sie es doch gewiß wegen ihrer Folgen nicht. Meine Besoldung erlaubt mir nicht mehr. Wer mehr thun kann, und thut es mit dem Herzen, mit dem ich meinen Pfennig zur Verbesserung meiner Brüder darreiche, der wird mehr Nutzen stiften, mehr Segen ärndten. — Auch im Sommer besuche ich die Schule. Dies hat die Folge, daß der Schulmeister, bestochen durch Vetterschaft, mich nicht betrügen kann, und sich Niemand auf diesen Betrug verläßt. Gewinn genug für diesen kurzen Morgenbesuch. — Von einer andern Seite genommen, sind diese Schulbesuche im Sommer fast nöthiger, als im Winter. Wir mögen den gewöhnlichen Schulmeistern die besten Vorschläge in die Hände geben, so weichen sie doch von denselben ab, wenn wir nicht auf sie die genaueste Aufmerksamkeit verwenden. Ja, ich glaube, die Aufmerksamkeit würde auch alsdenn noch nöthig seyn, wenn wir gleich, wie der gelehrte Hr. Verfasser des Buchs: Gedanken und Vorschläge zur Verbesserung des Volks durch Verbesserung seiner Lehrer. Eine Zeitschrift, allen weisen Fürsten, Staatsmännern und Menschenfreunden zugeeignet. Leipzig, bey Crusius, 1791. — vorschlägt, Kandidaten des Predigtamts zu Schulmeistern erhalten sollten. Manche Vorschläge in dieser Schrift sind wohl durchdacht, und die Einwürfe würde gegen diesen insbesondere, schicklich aus dem Wege geräumt; nur ist es Schade, daß wenige Stellen einen solchen Mann nähren würden, und sehr wenig Kandidaten den öffentlichen Kirchengesang führen können. Wenigstens werden noch mehrere Jahre erfordert, ehe wir nur die besten Stellen mit solchen Männern besetzen können. Wie nun? sollen diese Kandidaten, als Schulmeister, von Bauern verklagt, sich vom Amtmann vors niedere Gericht durch den Amtsdiener zittren lassen? Der Prediger, so er einen Kandidaten-Schulmeister hat, wird vielleicht gar nicht nach der Schule fragen, und thut ers, so —— — Doch ich höre auf, hier ist der Ort nicht, zu zeigen, daß diese Kandidaten bald mit dem Prediger, oder seiner kleinen und großen Familie, bald hätte ich gesagt, Tochter, vertrautere, unentbehrliche Freunde werden, und die Schule ganz liegen würde.

Rehm.

---

3. Schulnachricht aus Mühlhausen. *)

Kurz vor meiner Abreise von Jena hatte ich in einem Stücke der allgemeinen Literatur-Zeitung einige Nachrichten von der verbesserten Mädchenschule in Mühlhausen gelesen. Um den Aufenthalt von einem Tage in dieser Reichsstadt mir angenehm

---

*) S. deutsche Zeit. 1792. St. 33. S. 540.

genehm zu machen, entschloß ich mich sogleich, diese Schule zu besuchen. Und das war der glücklichste Entschluß, den ich fassen konnte, wie Sie aus dem Erfolge sehen werden. Ich traf den Lehrer just in der Beschäfftigung an, seinen Kindern ein Stück aus seinem Mädchenspiegel zur Erklärung einer seiner Lektionen vorzulesen.

Schon das nahm mich sehr für den Mann ein, daß ich jugendliche Freude und Unschuld auf den Gesichtern aller seiner Kinder erblickte, und daß sich die mehresten derselben, während der Zeit, daß er seine Geschichte vorlas, und erklärte, mit Sticken beschäfftigten. Aber noch mehr freuete mich der väterliche Ton, in welchem er zu seinen Schülerinnen sprach, und die Unerschrockenheit und Fertigkeit, mit welcher sie nicht blos seine Fragen, sondern auch die meinigen beantworteten. Es gereicht in der That den Vorgesetzten dieser Stadt zur Ehre, diesen Mann zum ersten Lehrer an dieser Schule gemacht zu haben. Er ist noch ein sehr junger Mann, und hat zuvor als Lehrer in der 6ten Klasse des Gymnasiums gestanden. Er soll auch in seiner Vaterstadt ganz die Achtung genießen, die er verdient. Gestern kam ich hier in Göttingen an, und das erste, was ich that, war, daß ich mir den Reinhardtischen Mädchenspiegel aus einer der hiesigen Buchhandlungen bringen ließ. Beim Durchlesen habe ich gefunden, daß der Re-

zensent

zensent in der allg. Lit. Ztg. ein gründliches Urtheil über dieses Buch gefällt hat. Die Anführung einiger unbedeutenden Mängel desselben ist ein redender Beweis von der Unpartheilichkeit dieses Urtheils.

Zuverläßig ist dieser Mädchenspiegel das vortrefflichste und zweckmäßigste Lehrbuch in seiner Art, und verdient in jeder Mädchenschule eingeführt zu werden; man muß jede Stadt glücklich preisen, deren junge Bürgerinnen eine so gesunde Nahrung erhalten haben. Dies treffliche Buch kostet 9 gl.

4. Schulnachricht aus Salzburg. *)

Unser Schulseminarium existirt nun seit einem Jahre, und nähert sich, wie alle neuen Institute, zu deren Reife immer auch die Zeit das Ihrige beiträgt, mehr und mehr seinem Zwecke. Die Subjekte, die darin gebildet werden, sind hinlänglich, um die indeß ledig gewordenen Stellen damit zu besetzen; und so werden nach und nach der guten Schulen in unserm Lande mehr werden. Unserm Fürsterzbischoffe liegt dieser Gegenstand noch immer am Herzen, wie folgender Befehl beweißt: "Um den

---

*) S. Int. Blt. der allg. Lit. Zeit. 1792. Nr. 72. S. 580.

den Studirenden, welche sich Civildiensten widmen wollen, und vorzüglich jenen, welche in der Folge als Beamte und Vorgesetzte auf dem Lande angestellt zu werden wünschen, die Gelegenheit zu verschaffen, sich die zu ihrem Berufe erforderlichen Kenntnisse aus dem pädagogischen Fache zu erwerben, ist auf höchsten Befehl bereits die Veranstaltung getroffen worden, daß von dem gnädigst angestellten Schuldirektor, eigene, diesem Zwecke, und den Bedürfnissen solcher Studirende anpassende Vorlesungen über diesen Gegenstand gehalten werden, welche schon in diesem Jahre 1792. mit dem Monat März ihren Anfang nehmen, und wöchentlich dreimal, als am Montage, Mittwoche und Freitage, Nachmittags von 1 bis 2 Uhr, zwey bis drey Monate hindurch, fortgesetzt werden sollen. Ueberzeugt von der Wichtigkeit und Nothwendigkeit dieser Vorlesungen, befehlen Se. Hochfürstl. Gnaden ferner, daß in Zukunft jeder, welcher, nach vollendeten Studierjahren, um den Acceß, oder eine sonstige Anstellung, die mit dem Schulwesen in irgend einer Verbindung steht, sich zu bewerben gesonnen ist, nebst den übrigen Zeugnissen über seine Kenntnisse, und seinen Fleiß, auch mit einem besondern, von dem jedesmaligen Schuldirektor abzugebenden Zeugniß, über die fleißige und mit Nutzen vollendete Besuchung der erwähnten pädagogischen Vorlesungen versehen seyn müsse. Uebrigens

brigens haben sich die Kandidaten dieses Lehrgegenstandes in allem, was dahin Bezug hat, an den Hrn. Schuldirektor, Vierthaler, zu wenden, und sich zugleich mit demselben in Ansehung eines angemessenen Honorars, worüber ihm bereits die höchsten Gesinnungen Sr. Hochfürstl. Gnaden bekannt gemacht worden sind, zu benehmen. Geschehen, Salzburg, in dem Hochfürstlichen Hofrath, am 24sten Dezember 1791.

5. Schuljugend = Prüfung zu Elbkosteletz. *)

Am 16ten Jul. d. J. wurde die Schuljugend in der Stadt Elbkosteletz, **) in Gegenwart des Dechants und erzbischöffl. Vikars zu Brandeis, Anton Gosko von Sachsenthal, des kaurzimer Kreisschulkommissärs, Ignatz Richard Wilfling; des Dechants von Elbkosteletz, Kajetan Maudry; des Brandeiser Hauptschuldirektors, Joseph Maschke; eines großen Theils der benachbarten Geistlichkeit, mehrerer Wirthschaftsbeamten der umliegenden Gegend, des Elbkosteletzer Magistrats, vieler Bürger der Stadt u. s. w. öffentlich geprüft. Es war ein herzerhebendes Vergnügen, diesem Akte beizuwohnen;

*) S. deutsche Zeit. 1792. St. 33. S. 537.
**) Kosteletz oder Elbkosteletz, eine kleine Stadt in Böhmen, an der Elbe, in der Herrschaft Brandeis.

nen; so vollkommen gut antworteten die Kinder auch die zweckmäßigen Fragen, aus allen für sie bestimmten Lehrgegenständen. Die Sittlichkeit der kleinen Bürger, die nicht durch Härte erzwungen war; denn frohe Mienen, die von einem edlen Betragen gegen sie zeigten, waren auf allen ihren Gesichtern zu sehen; moralische Gesänge, die sie während der ganzen Handlung voll Harmonie anstimmten und passende kurze An- und Dankreden, die eine von einem hoffnungsvollen Knaben, die andere von einem eben so hoffnungsvollen Mädchen deklamirt, erregten allgemeinen Beifall, der dem dortigen Schulpersonale, dem eifrigen und geschickten Kapelan und Katecheten, Peter Matauschek, dem eben so emsigen und geschickten Lehrer, Franz Paba, und seinem braven Gehülfen, Joseph Nosek, zur großen Ehre und Empfehlung gereicht. Am Ende der Prüfung wurden die fleißigsten Schüler und Schülerinnen mit zweckmäßigen Prämien belohnt, um sie zu fernerm Eifer aufzumuntern, die theils aus dem, bey der Brandeiser Kammalherrschaft zu dieser Absicht bestehenden Fond, theils aus dem Elbkosteletzer Magistrate, an dessen Spitze die biedern Männer, Bürgermeister Wenzel Beranek, und erster Rath, Mathias Slawik, stehen, bestimmt worden sind; Abends wurde auf Anleitung des verdienten Katecheten Matauschek von einigen der geschicktern Schulkinder zwey kleine moralische

Schau-

Schauspiele, aus Weisens vortrefflichen Kinderfreunde, "der Geburtstag und das Weihnachtsgeschenk," betitelt, dann eine kleine Oper, und endlich ein artiges Ballet aufgeführt, und so dieser für Aeltern und Kinder frohe Tag zu vollkommenster Zufriedenheit der Vorsteher des Erziehungswesens, der Lehrer und aller Jugendfreunde beschlössen.

6. Reichsstift Neresheimsche Schulordnung. *)

(Fortsetzung.)

§. 6. b) Wohlanständige Lebensart, gute Sitten.

Nebst oben Erwähntem von der christlichen Sittenlehre hat der Schulmeister, in Betreff dieses Punktes, die Kinder nach den vorgeschriebenen Höflichkeitsregeln wohl zu unterrichten, ihre Unarten im Reden, Stehen und Gehen, sorgsamst abzustellen, und alles Ernstes darauf zu dringen, daß sie sich allenthalben sittsam, reinlich, und gegen Jedermann so anständig und höflich, wie man es von einer wohlerzogenen Landjugend fordern kann, zu betragen wissen.

Zur guten Lebensart gehört nun auch, daß man Jedermann wohl zu begrüßen, schicklich anzureden,

*) S. B. 4. S. 155.

reden, etwas auszurichten, oder sonstige Vorträge zu machen wisse, u. s. w. Der Schulmeister hat demnach den Kindern den hieher gehörigen besondern Unterricht nicht nur mündlich zu geben, sondern denselben auch öfter mit ihnen in Uebung zu bringen.

So soll auch das Duzen der Aeltern durchaus nicht gelitten, sondern als eine der kindlichen Ehrfurcht zuwiderlaufende Grobheit mit Ernste abgestellt werden. *)

Vor allem aber soll besonders auch darauf gedrungen werden, daß sich die Kinder, sowol in der Kirche, als auf der Gasse, gut betragen, sich des un-

---

*) Zur Erhaltung eines äußerlichen Anstandes des Körpers wird sehr viel beitragen, wenn der Schulmeister die Kinder mehrmal etwas auswendig sprechen, oder Komplimente machen läßt, d. i. ihnen zeigt, wie sie sich ehrerbietig und anständig vor Vornehmere verneigen sollen, und ihnen also nicht nur den guten Accent oder Ton, in welchem sie andere grüßen und anreden, oder ihnen antworten müssen; sondern auch die rechte Geberdung und Stellung des Leibes zeigt. Nur muß dabey alles Affektirte oder Gezwungene, und was mehr ländlich ist, oder nur bey vornehmern Personen gut läßt, vermieden werden.

unsinnigen Geschärms, und alles leichtsinnigen und boshaften Muthwillens enthalten, einander nicht mit Schimpf- und sogenannten Spitznamen belegen, niemand einigen Verdruß oder Schaden verursachen, und sich besonders nicht unterfangen, alte, arme, gebrechliche, auch durchreisende oder fremde Personen und dergl. durch Spott, Gelächter, oder sonstige Mißhandlung, zu beleidigen. — Solche Fehler, wenn sie begangen werden, sind jedesmal nachdrücklich zu bestrafen.

Selbst gegen das unvernünftige Vieh soll man nicht leiden, daß die Kinder grob, unbarmherzig und grausam verfahren. — Der Schulmeister soll ihnen daher verbieten, die Bruten junger Vögel auszunehmen, ihre Eier und Nester zu zerstören, Katzen und Hunde zu plagen, auf das Vieh wie unsinnig hinein zu schlagen, ihm Böses anzuwünschen, und über selbiges zu fluchen und dgl. — Wer hartherzig und grausam gegen die Thiere verfährt, macht es mit der Zeit auch den Menschen nicht besser!!

§. 7. c) **Sprachlehre.**

Unter dem Nahmen: Sprachlehre, wird der Unterricht im Buchstabiren, Lesen und Schreiben verstanden.

Mit den hiezu nöthigen Büchern sind unsere Schulen ebenfalls hinlänglich versehen; die Lehrmethode

methode ist nicht weniger vorgeschrieben und eingeführt; nur hat der Schulmeister auch hier, wie
überhaupt bey allem Unterricht, darauf zu merken,
daß die Kinder ihre Regeln nicht blos daher plaudern, sondern gut verstehen und anwenden
lernen. Er soll sich deswegen sonderlich bemühen,
den Kindern allezeit zuerst Sachkenntniß
praktisch-sinnlich und anschaulich beizubringen, und
alsdann ihnen erst die Kunstwörter, die For-
meln und Regeln bekannt machen. — Dadurch wird das Lernen ungemein erleichtert, und die
Kinder verstehen, was sie lernen.

So viel im Allgemeinen. Nun insbesondere:

1. **Vom Buchstabiren.**

Wie die Buchstaben-Kenntniß, das Sylla-
biren und Buchstabiren, nach eben erwähnten
Grundsätzen den Kindern mit Beihülfe der Tabellen gelehret werden könne und solle, ist in der eigends hiezu ausgestellten Methode, oder Pri-
vatinstruction für Schulmeister, deutlich be-
schrieben; man hat sich also genau darnach zu
benehmen. *)

*) Gern möchte man mit den gesammten Methoden,
worauf hier Bezug genommen wird, bekannter
seyn! Es wird doch hoffentlich nicht die durch
Hrn. Abt Felbiger von Hähn erlernte elende,
alle Seelenkräfte erschlaffende Litteral- und Ta-
bellar-

2. Vom Lesen.

Alle Kinder müssen sowol das Gedruckte, als Geschriebene, beides mit lateinischen und deutschen Buchstaben lesen lernen. — Nicht genug kann ihnen eingeschärft werden, daß das Buch, welches sie lesen, gleichsam mit ihnen rede, und daß sie also wissen und verstehen müssen, was es ihnen sage und zwar so, daß sie das Gelesene, wie das Gehörte, auch andern wieder zu erzählen im Stande wären.

Die besondern Regeln, welche hiezu dienen, sind im Specialunterricht enthalten.

Zum Schriftlesen werden den Schülern von Zeit zu Zeit Briefesammlungen und andere geschriebene Aufsätze, vom Schuldirektorio zugeschickt werden — auch soll immer ein Kind die Schriften der andern zu lesen, und dabey die Fehler der Recht- und Schönschreibung zu verbessern bekommen.

Uebri-

bellarmethode seyn; denn diese würde dem ganzen Geist dieser Verordnung, der immer aufs Verstehen bringt, und allen Maschinenkram so feind ist — ganz zuwider seyn! Ich war damals in Klosterbergen, als Felbiger sich geraume Zeit beim Abt Hähn aufhielt, und obgleich noch Jüngling, glaubte ich doch schon damals überzeugt zu seyn, daß der Hr. Prälat eben nichts sonderliches Nützliches mit zu Haus bringen werde.

A. d. H.

Uebrigens hat der Schulmeister das ganze Jahr hindurch nach Verlaufe jedes Monats, alle Schriften der großen und kleinen Schüler an das Schuldirektorium, an dem nämlichen Tage, einzusenden, an welchem die Armen das Allmosen im Reichsstifte abholen; — jeder Schüler und Schülerin haben auch jedesmal so viele Schriften zu liefern, als viele Sonn- und Feiertage, an denen nicht gearbeitet wurde, im Monate gewesen sind. — Diese Schriften sollen beinebens (hienächst) nicht immer einerley und von der nämlichen Vorschrift kopiert, sondern verschieden seyn; auch manchmal, besonders bey den größern, die Form eines Briefes, eines Recepisse oder Empfangscheins, eines Conto, Verdienstzettels, einer Quittung, oder eines andern schriftlichen Aufsatzes, haben, damit diese nützlichen Gegenstände beim Landvolke in bessere Uebung gebracht werden.

Zudem soll bey jeder Schrift, nebst dem Namen und Zunamen des Schülers, auch sein Alter, samt der Bemerkung des Jahres und Monattages, an dem sie geschrieben worden, angezeiget seyn. *)

Kann

─────────
*) Wenn diese nützliche Verordnung nicht fruchtlos seyn soll, so muß das Schuldirektorium alle Monate mit den eingelieferten Schriften genaue Revision halten, und die Nachläßigen ohne weiteres zur Strafe ziehen.

Kann der Schüler oder die Schülerin rechnen, so muß auch bey jeder Schrift, nebst einer Reihe Ziffern, eine ausgearbeitete Rechnungsaufgabe vorkommen.

§. 8. d) Rechenkunst.

Da fast keine Wissenschaft, keine Kunst, keine Handthierung und kein Hauswesen ohne Rechnung bestehen kann, so wird der Schulmeister sich allerbestens angelegen seyn lassen, alle dazu fähigen Schüler und auch Schülerinnen, in dieser höchstnöthigen Wissenschaft gut zu unterrichten.

Ziffer und Zahlen müssen durchaus alle kennen,*) und dieselben wenigstens in kleinern Reihen bis auf eine Million zu zählen, zu schreiben und auszusprechen, im Stande seyn. — Die Minderfähigen oder Mittelmäßigen sollen wenigstens addiren und subtrahiren lernen; den Bessern aber sind alle 5 Species, samt der Regel de tri, nach dem Lehrbuche beizubringen.

Dabey hat der Schulmeister — damit er den Kindern das an sich langweilige Rechnen nicht verdrüßlich, sondern angenehm mache, und sie von dessen Nutzen ganz überzeuge — immer darauf zu sehen,

---

*) Die Erlangung dieser Kenntniß wird dadurch erleichtert, wenn die Kinder angehalten werden, alle Ziffern und Zahlen, welche ihnen in Schrift und Büchern vorkommen, genau zu bemerken, und während dem Lesen, wie die Wörter, auszusprechen.

sehen, daß er ihnen lauter praktische Erempel gebe, und historische Fälle setze, über welche sodann die Kinder durch ihre Rechnungskunst entscheiden müssen.

Besonders müssen die Kinder abgerichtet werden, Conto zu machen, und wenn sie das Rechnen einmal können, so hat man dafür zu sorgen, daß sie es nicht mehr vergessen. — Dies geschieht auch dadurch, wenn man sie anhält, jeder Schrift (wie schon oben bemerkt worden) eine ausgearbeitete Rechnungsaufgabe beizufügen.

§. 9. e) **Von den übrigen zur Landschule gehörigen Gegenständen.**

Nebst oben bemerkten zu einer gut eingerichteten Landschule wesentlich gehörigen Gegenständen sind auch noch einige andre Dinge übrig, die der Landjugend ebenfalls, wo nicht unentbehrlich, doch gewiß für ihre ganze Lebenszeit höchst angenehm, nützlich und manchmal auch nothwendig zu wissen sind. — Es sind dieses kleine Sammlungen von Klugheitsregeln, Gesundheitsregeln, ökonomische Grundsätze, und auch eine kleine lehrreiche Natur- und Vaterlandsgeschichte. — Unsere Schulmeister werden über diese Gegenstände, wie über die obigen, mit einem eigends dazu verfertigten Buche nächstens versehen werden; und man verspricht sich von ihrem Eifer und Geschicklichkeit, daß sie den Kin-

Kindern auch hierüber die besten Kenntnisse beizubringen beflissen seyn werden.

§. 10. Nachdem wir bisher die Gegenstände des Schulunterrichts bestimmt, und darüber unsere Vorschriften gemacht haben, so ist nun von den Schülern, der Schulzeit, dem Schulorte, den Schulübungen, Schulvisitationen und Schulprüfungen ꝛc. noch zu reden übrig.

Zweites Hauptstück.
§. 11. Von den Schülern.

Die Schüler werden in Große und Kleine abgetheilt. Unter die Großen gehören die sogenannten Sonn- und Feiertagsschüler, und sind jene, welche nach hinlänglich erlangten Kenntnissen, durch den Pater Schuldirektor von der Werktagsschule entweder ganz oder größtentheils losgesprochen, dabey aber zum Sonn- festertäglichen Schulbesuche angewiesen sind, damit sie das bereits Erlernte nicht wieder vergessen, sondern in steter Uebung davon erhalten werden.

Die kleinen oder sogenannten Werktagsschüler werden gewöhnlich in drey Hauptklassen eingetheilt, wovon jede ihre bestimmten Gegenstände zu lernen hat.

Zur

Zur ersten gehören Kinder, denen man die Anfangsgründe der Religion, die Buchstabenkenntniß und Buchstabiren beizubringen hat.

Zur zweiten Klasse gehören jene, welche den mittlern Religionsunterricht erhalten, das Lesen und Schreiben anfangen.

Zur dritten Klasse kommen endlich solche, welche im Schrift- und Drucklesen entweder schon vollkommen geübt, oder doch ziemlich gut sind, und nun die übrigen wichtigern Gegenstände der Schulanstalt zu erlernen haben. Die Eintheilung der Klassen geschieht bey der ersten Schulvisitation zu Anfange des Novembers, durch den P. Schuldirektor; der Schulmeister soll jedoch während der Schulzeit die Erlaubniß haben, nach Befund (Befinden) der Sachen, ein Kind in eine höhere Klasse zu versetzen, oder von der höhern in die niedere zu verweisen.

Jährlich hat der Schulmeister beim Anfang der Winterschule nach der ersten Visitation einen Catalog über alle, sowol große als kleine Schüler, nach dem hiezu bestimmten und bekannten Formulare zu verfertigen, und bey jeder Rubrik das dahin gehörige, theils nach eigenen Kenntnissen, theils nach Anweisung und den Noten des P. Schuldirektors einzuschreiben.

Vor dem kompleten 6ten Jahre wird kein Kind in die Schule angenommen*) — und bevor dasselbe nicht all dasjenige, was es wissen kann und soll, so vollkommen erlernt hat, daß man das Vergeßen keinesweges mehr befürchten darf, wird es von der Schule nicht losgezählt. Ueberhaupt ist die landesherrliche Verordnung getroffen, daß von jungen Leuten Niemand vor völlig zurück gelegtem 15ten Jahre sich ohne Vorwissen und Erlaubniß des Schuldirektoriums außer die Herrschaft in Dienste begeben, oder eine fremde Schule besuchen darf; — auch im Sommer werden dieselben, der Feiertagsschule wegen, nicht leicht in auswärtige Dienste gelassen. — Die Knaben sind ohnehin wirklich in der Herrschaft nöthig, damit unsere Bauern keinen Mangel an Hirten und Dienstbuben leiden.

Wenn sich ein Schüler oder eine Schülerin von einem Ort in den andern innerhalb der Herrschaft begiebt; so haben sie sich jedesmal beim Schulmeister, den sie verlassen, zu stellen, und von ihm ein Attestat zu verlangen, mit welchem sie beim Schulmeister desjenigen Orts, an den sie sich nun begeben wollen, erscheinen, und sich dessen Unterrichte empfehlen müssen.

Sollte sich Jemand ohne Erlaubniß außer Landes, oder ohne erhaltenes Attestat, anderswohin

in

---

*) Gut! das zufrühe Schulgehen ist nicht nur unnütz, sondern für Geist und Leib sogar schädlich.

d. H.

in der Herrschaft begeben, so hat solches der Schulmeister sogleich beim Schuldirektorio anzuzeigen.

Die armen Schüler und Schülerinnen, welche das Schulgeld zu bezahlen nicht im Stande sind, müssen jedesmal gleich nach dem Anfange der Winterschule aufgeschrieben, und nach dem gemeinschaftlichen Gutachten des Hrn. Pfarrers oder Schultheißen, oder Bürgermeisters, an das Schuldirektorium mit allseitiger Unterschrift eingereicht werden; das Reichsstift wird sodann die Bezahlung übernehmen, oder dafür sorgen, daß sie anderswoher geleistet werde.

§. 12. Von der Schulzeit.

Die Winterschule nimmt ihren Anfang mit dem November, und dauert unabläßig fort bis auf den 1sten May; der Schulmeister hat deswegen gegen Ende des Oktobers den Hrn. Pfarrer zu ersuchen, daß selbiger, gemäß herrschaftlicher Verordnung, den Schulanfang öffentlich von der Kanzel verkündigen, die großen sowol, als die kleinen Schüler, wie auch ihre Aeltern und Meisterschaften, an ihre Pflichten nachdrüklich erinnern, und zum Schulgehen sowol, als zum Dareinschicken, ermuntern wolle.

Die großen Schüler und Schülerinnen haben während dieser Zeit, d. i. vom 1sten November bis zum 1. May, an allen Sonn- und Feiertagen (auch an an den abgestellten, wenn sie daran nicht arbeiten) eine Stunde lang in der Schule zu erscheinen, darin zu lernen, und dem Schulmeister aufzusagen. — Der Schulmeister soll ihnen auch jedesmal etwas Schönes — eine Fabel, Geschichte, oder sonst was Angenehmes und Nützliches vorlesen, oder vorlesen lassen, und sich mit ihnen darüber besprechen ꝛc. —

Mägdlein und Pursche sollen bey dieser Feiertagsschule nicht zugleich, sondern die Pursche vor, und die Mägdlein nach dem nachmittägigen Gottesdienste erscheinen.

Wer immer, ohne ausdrücklich vom Schulmeister verlangte und erhaltene Erlaubniß, von dieser Schulstunde ausbleibt ist ohne alle Rücksicht in der Versäumungsliste am Ende des Monats an das Schuldirektorium als strafbar einzuberichten.

Vom 1sten May bis zu Anfang des Novembers hört die Sonn- und Feiertags-Schulstunde für die Großen auf; es wäre denn, daß einige, besonders Schwache, oder Lüderliche, auch den Sommer hindurch vom P. Schuldirektor darein geschickt würden. —

Das Schreiben geht hingegen im Sommer und Winter ununterbrochen fort.

b) Die Kinder, oder kleinen Schüler, müssen gleich nach Allerheiligen alle Tage in der Schule erscheinen, doch so, daß, wegen noch anhaltenden mancherley Bauernarbeiten, die Kinder der obersten

sten Klasse bis zu Anfange des Christmonats nur Vormittags sich in der Schule zu stellen haben. —

Nach Ostern sollen sie, wegen einfallender Feld- Holz- und andern Frühlingsarbeiten, das nämliche Privilegium zu genießen haben, wenn sie sich desselben nicht durch Unfleiß, oder andere Vergehungen, unwürdig und verlustig machen. — Der Schulmeister kann auch nach Ostern Sorge tragen, daß die oberste Klasse ihren Unterricht schon vor dem Gottesdienst erhalte, damit selbige um so frühzeitiger zur Arbeit entlassen werden können. — Sollten ein oder mehrere Kinder in der Frühe durchaus nicht zu kommen im Stande seyn; so haben sie Nachmittags oder Abends zu erscheinen: — und diese ohne alle Nachsicht.

Vom 1sten May bis auf den 1sten November hört das Schulgehen an Werktagen auf: *) Hingegen müssen die Kinder insgesammt, wenn sie auch nur

---

*) Freilich nicht gut; aber, leider! noch an vielen Orten so; es ist daher löblich, wo die Lokalitäten, diesen Uebelstand abzustellen, durchaus nicht gestatten, wenigstens durch die Sonn- und Feiertagsschulen denselben in etwas unschädlicher zu machen. Aber sollte es denn wenigstens nicht durchzusetzen seyn, daß die Aeltern im Sommer Morgens von 6 bis 8 Uhr ihre Kinder zur Schule schicken müßten? So könnten die Kinder ihnen doch den größten Theil des Tages bey ihrer Arbeit zur Hülfe seyn.

A. d. H.

nur auf ein und andern Tag in der Woche zur Schule angewiesen wären, den ganzen Sommer hindurch alle Sonn- und Feiertage sich in der Schule fleißigst einfinden, und in dem Gelernten sorgfältig geübt werden. Der Schulmeister soll die Kinder klassenweise vornehmen, und die Zeit des Unterrichts dergestalt bestimmen oder eintheilen, daß sich kein Kind dieser Wiederholungsschule leichtlich entziehen kann.

Wer von den kleinen Schülern ohne Anfrage und erhaltene Erlaubniß von der Werk- oder Feiertagsschule ausbleibt, muß ebenfalls aufgeschrieben, und dessen Name am Ende des Monats in der Versäumungsliste an das Schuldirektorium eingeschickt werden. — Auch soll der Schulmeister dergleichen Abwesende jedesmal sogleich erst durch andere Kinder berufen, und dann im Falle, daß sie doch nicht kommen, durch den Gemeindsflur herführen lassen.

Die tägliche Schulzeit fängt Vormittags um 8. Uhr an, und dauert bis 11 Uhr; Nachmittags erscheinen die Kinder um 1 Uhr, und werden unterrichtet bis 4 Uhr.

Weil die Schulzeit ohnehin nur ein halbes Jahr lang dauert, und während dieser Zeit manchmal ein wahres, wichtiges Hinderniß, Schule zu halten, vorfallen kann, so findet kein ordentlicher Vakanztag (Ferien) Platz, und der Schulmeister wird sich auch hüten, leichtlich einen zu geben.

§. 13.

§. 13. Von dem Schulorte.

a) Die Schulstube soll öfters ausgekehrt, — alle Tage, auch im höchsten Winter, wenigstens durch kurze Oeffnung der Fenster ausgelüftet, — manchmal mit Wachholderholz, oder dergleichen Beeren, eingeräuchert, und immer wohl geputzt gehalten werden. — Sowol die Gesundheit des Lehrers und der Kinder, als auch der Wohlstand, erfordert dieses. — Die Schule ist ein öffentlicher Ort, an dem Jederman mit Ehre und Vergnügen zu aller Zeit soll erscheinen können.

b) Die zur Schule gehörigen Geräthschaften, als: Tabellen, Bücher, Schriften, Tische und Bänke sollen immer in gutem Stande erhalten werden, und jedes Stück an seinem gehörigen Orte sich befinden. — Auch hat der Schulmeister jährlich bey der ersten Visitation ein vollständiges Verzeichniß aller zur Schule gehörigen Sachen dem Schuldirektor zu überreichen, welcher sodann alles untersuchen und beaugenscheinigen wird.

c) Beim Sitzen in der Schule sind die Mägdlein von den Knaben abzusondern; unterrichtet werden sie aber gemeinschaftlich, wie es die Ordnung der Klasse mit sich bringt. — Auch sollen Kinder, welche mit dem Aussatze behaftet, voll Ungeziefers, oder sonst wegen eines Ausschlags u. d. gl. für ihre Mitschüler sehr ekelhaft und beschwerlich, oder gar gefährlich sind, entweder gar nicht in der Schule gelitten, oder auf einen besondern Platz verwiesen wer-

werden, damit nicht auch die gesunden und ordentlichen Kinder durch diese unsaubern angesteckt und verdorben werden. — Wie denn auch der Schulmeister die Aeltern und Vorgesetzten solcher kranken oder verwahrloßten Kinder darüber erinnern, und ihnen sagen soll, was sie zu thun haben.

d) Nahe zum Ofen soll man die Kinder niemalen (besonders nicht, wenn sie eben von der Kälte herkommen), stehen oder sitzen lassen. — Ueberhaupt soll die Schulstube nicht zu warm seyn, und auch nicht wegen geschlossener Läden zu dunkel. Durch das erste wird die Gesundheit, durch das zweite das Auge verderbet.

(Beschluß künftig.)

7. Warnung für junge unerfahrne Schullehrer. *)

Es ist bekannt, daß im Preußischen den Schulmeistern schon unter Friedrichs Regierung mit Bedrohung harter, sogar Zuchthausstrafe, untersagt war, sich von Unterthanen zur Anfertigung allerley Klageschriften, Libelle, Beschwerde führende Vorstellungen u. d. gl. gebrauchen zu lassen, und sich überall dergleichen unbefugten Schriftstellerey zu enthalten. Es ist sogar wirklich jene Strafe an einem solchen Unbe-

*) Von einem Schullehrer der Gegend, wo sich das Erzählte zugetragen, eingeschickt.

d. H.

Unbedachtsamen im Mansfeldischen, eines ungebührenden Aufsatzes wegen, vollzogen, und dieses zur Warnung in den Intelligenznachrichten bekannt gemacht worden. Wer das Verhältniß kennt, worin der Schullehrer steht, und den Schaden erwäget, der daraus entstehen kann, wenn dergleichen erlaubt wäre, wird diese Anordnung billig und heilsam finden. Demohngeachtet mag es hie und da noch immer einen und den andern Unvorsichtigen, wohl auch Gutmüthigen, geben, der sich auf vieles Bitten eines Nachbars, zumal, wenn er hoffen darf, irgend verborgen zu bleiben, aus Armuth oder Gewinnsucht verleiten läßt, sich zu solchem gefährlichen Geschäft mißbrauchen zu lassen. Möchten doch solche von dem hier erzählten — dem Herausgeber des Schulfreundes zugeschickten Fall, heilsame Warnung für sich hernehmen, der überdem ein Beweis von fast unglaublicher und recht abgefeimter und raffinirter Büberey ist, wie man sie sich kaum unter dem niedern Stande denken sollte. Ein Tagelöhner K* in B* hatte mit einem Zimmermann einen Prozeß, wegen eines zu erbauenden Hauses. Der Tagelöhner hatte erst in der Kammer zu M* und dann auch nach der Appellation, von B* selbst Unrecht erhalten. Jetzt wendet er sich verschiedenemale selbst unmittelbar an den König, und glaubt: dieser werde ihm gleich, ohne verständige Leute dabey zu Rathe zu ziehen, Recht geben, und seine Bescheide durch Machtsprüche reformiren. Allein er bekommt auch hier Unrecht, weil er Unrecht hatte, und zwar mit dem Bedeuten, daß er sich nicht wieder beigehen laſſen ſolle, noch einmal mit ſeiner Klage die Kammer oder gar den König zu beläſtigen; widrigenfalls er als ein Rebell angeſehen und nach Verdienſt beſtraft werden ſollte. Aber ſein unruhiger Geiſt raſtete nicht. Immer glaubt er noch das größte Recht in Händen zu haben, und will wenigſtens noch einmal an den König ſchreiben. Wer wird ihm aber noch einmal eine ſolche Schrift machen? Niemand wagt es, ſo ſehr er auch bittet, und die Schrift, wer weiß wie gut, zu bezahlen angelobt. Endlich kommt er auf die Gedanken, außerhalb Landes ſich ein Schreiben an den König machen zu laſſen, und ſein Wunſch gelingt. Sobald er mit ſeiner neuen Vorſtellung wieder zu Hauſe angelangt iſt, kommt er beim Kantor S. t. "Herr Kantor! ſpricht er, nun habe ich mir außerhalb Landes einen Brief machen laſſen. Der ihn gemacht hat, hat nichts zu fürchten; erſtlich iſt er außer Landes, und zweitens weiß er ja nicht, daß mir eine weitere Vorſtellung verboten iſt. Leſe er mir doch einmal dieſen Brief vor, denn ich kann nicht leſen: ich will doch hören, ob das wirklich alles ſo darin ſteht, was mir der Advokat daraus vorgeleſen hat. Nachdem der Kantor dieſen Brief geleſen, bittet ihn nun auch der Tagelöhner inſtändigſt, ihm den Brief abzuſchreiben, damit er ihn doch noch einmal habe. Der Kantor, dem doch auch dabey

nicht

nicht ganz wohl ist, weigert sich; der Tagelöhner aber hört nicht auf, so viel gute Worte zu geben, und dem Kantor vorzustellen, daß er gar nichts zu befürchten habe, weil ja das bloße Abschreiben für ihn doch unmöglich etwas Strafbares mit sich führe. Er wolle die Abschrift nur in den Kasten legen, wo Niemand jemals etwas davon zu sehen bekommen sollte. Wenn er selbst schreiben könnte, so würde er ihn für sich abschreiben, aber das könne er nun nicht, und die Kopie wolle er doch einmal gern haben." Je nun, denkt der Kantor, es ist ja auch wahr, abschreiben kannst du den Brief wohl, das ist doch nicht so viel, als ihn machen; kannst die paar Groschen dafür mitnehmen. Gedacht, geschehen, und wer freut sich mehr, als der abgefeimte Tagelöhner. Längst schon hatte er sich gern einmal an den armen Kantor rächen wollen, wie es scheint. Wart, denkt er, vorher wolltest du mir keinen Brief machen, nun will ich dich wohl kriegen! Du denkst, du bist so klug; aber ich bin doch noch klüger. Das erste, was der Schelm jetzt that, ist, daß er das Wort Copia, welches der Kantor an die Seite der Abschrift gesetzt hatte, auskratzt, und nun giebt er, statt des Briefes vom Advokaten, diese Abschrift des Kantors auf die Post. Kaum vergehen 14 Tage, so kommt der Brief an die Dorf-Gerichtsobrigkeit zurück, mit dem Befehl: "Streng zu untersuchen, wer dem Menschen, des harten Verbots ohngeachtet, diesen Brief gemacht habe,

habe, damit der Briefsteller gehöriges Orts exemplarisch bestraft werde. Auf die Frage des Justizamts an den Tagelöhner, wer ihm den Brief gemacht habe? war dieser mit der Antwort gleich da: unser Kantor in G. Der Richter bedauert im voraus das Schicksal des zur Unzeit dienstfertigen Kantors, und wer kann die Betäubung des armen Schulmanns sich vorstellen, da ihm seine eigene Hand nun vorgewiesen, und zugleich das vermuthliche Schicksal seiner Entsetzung angekündigt ward. Freilich verantwortete er sich, so gut er konnte: daß er die Vorstellung nicht gemacht, wie jener versichere, sondern nur abgeschrieben, welches er denn in seiner Einfalt für erlaubt gehalten habe; daß der Mann aber, statt des wahren Briefs, die Abschrift, der Obrigkeit übergeben habe. Die verständige und billige Obrigkeit sahe denn auch selbst nur zu deutlich, daß der Tagelöhner aus Rache und Bosheit dem Kantor schaden wollen, und so kam dieser durch ihren, für ihn günstigen Bericht, noch einmal, mit dem ernsten Bedeuten, aus dem verderblichen Handel: daß er künftig behutsamer seyn sollte, welches er denn hoffentlich auch seyn wird.

---

8. **Bekanntmachung einer sehr gemeinnützigen Sache, besonders für Volksschulen.**

Der Hr. Feldprediger Junker in Magdeburg, hat sich das große Verdienst um die Schulen, um

die

die Privaterziehung, und um jeden Liebhaber der Naturgeschichte erworben, dem Sonnenmikroskop eine solche Einrichtung zu geben, daß nicht nur Jeder leicht damit umgehen, sondern es auch zu einem mehr denn zehnmal geringern Preiße, als der bisher gewöhnliche war, bekommen kann.

"Schon lange, sagt er in einem besonders gedruckten, und den, unter seiner Aufsicht verfertigten Instrumenten dieser Art beigelegtem Blatte, habe ich gewünscht, daß die Mittel, anschauende Erkenntniß von der Größe Gottes in seinen Werken zu verbreiten, nicht so selten und kostbar seyn möchten. Besonders habe ich dieses von solchen Instrumenten gewünscht, welche die bewundernswürdigen Einrichtungen in kleinen, dem bloßen Auge unsichtbaren Dingen, lebhaft vorstellen."

Der Anblick solcher Gegenstände macht auf das Herz, auch des Unempfindlichen und Gedankenlosen, einen sehr tiefen Eindruck. Ist's die Seltenheit oder das Unerwartete in diesem Anblick? kurz, er wirkt stärker auf Herz und Empfindung, als die Betrachtung anderer, an sich noch weit größerer Wunder in der Natur, die wir aber von Kindheit auf täglich vor Augen sahen.

Wer bewundert eben die Sonne, wenn sie majestätisch über unsern Häuptern daher schwimmt? Bey wie wenigen macht das Anschauen der Tausende von Welten, die wir am gestirnten Himmel erblicken, so starken Eindruck, daß sie dadurch zur Bewunderung des Schöpfers hingerissen würden?

Aber nun zeige man Jemanden ein dem bloßen Auge unsichtbares Insekt, z. B. eine Käsemilbe in der Größe einer Spanne, man lasse ihn an solchem Thierchen jedes Theilchen und Gelenkchen, seine schnelle Bewegung, seine Augen, seine Fühlhörner ꝛc. bemerken, oder man lasse ihn in einem kleinen, dem Scheine nach, klaren Wassertröpfchen, Thiere von der Größe einer Wallnuß, mit der größten Regelmäßigkeit gebauet, erblicken, so wird seine Seele voll von Bewunderung; denn er vermuthete solches entweder gar nicht, oder sah es wenigstens noch nie.

Wenn ich nun bedachte, daß solche Darstellungen sich durch kein Mittel besser, oder auch nur in einem solchen Grade, schön hervorbringen ließen, als durch das Sonnenmikroskop, so war es wohl kein Wunder, wenn ich seit mehrern Jahren darauf dachte, dieses Instrument theils so einzurichten, daß ein Jeder damit leicht umgehen könnte, theils es für einen solchen Preis besorgen zu lassen, daß Mehrere im Stande wären, es sich anzuschaffen.

Viele haben mir für diese Bemühung schon gedankt, und ich hoffe bey noch Mehrern eine wohlthätige Neugierde zu erregen, wenn ich sie durch eine kurze Beschreibung mit diesem Instrumente etwas bekannter mache. Zuerst

von

von den Wirkungen des Sonnenmikroskops.

Das Sonnenmikroskop wirft das Bild kleiner, oder dem unbewaffneten Auge gar unsichtbarer Gegenstände nicht nur in unglaublicher Größe, sondern auch mit außerordentlicher Deutlichkeit, ja mit ihren Farben und kleinsten Nüancen, an eine weiße Wand.

Dergleichen Gegenstände (Objekte) müssen aber sauber zubereitet, und zwischen feine Gläser so eingefaßt seyn, daß man sie sowol bequem vor das Mikroskop bringen, als auch aufbewahren kann. Da es nicht eines Jeden Sache ist, sich dergleichen selbst zu verfertigen, so habe ich darauf gedacht, auch diese schon zubereitet und eingefaßt, dem Mikroskope beizufügen. Ich darf nur einige davon beschreiben, um einen Jeden in den Stand zu setzen, über die Wirkungen des Mikroskops zu urtheilen.

In feinen Querschnitten von Hölzern erblickt man den schönsten Bau und die tausend Oeffnungen, theils von den Röhren, in welchen der Saft in die Höhe steigt, theils von denen, in welchen sich Luft befindet, deren Ausdehnung den Saft mit in die Höhe treiben hilft.

Ein feiner Querschnitt von dem unansehnligen Hollundermark, zeigt das feinste und regelmäßigste Gewebe von Bläschen, deren jedes für sich eine künstlich geflochtene Einfassung hat.

Ein Querschnitt von der Korkrinde, aus welcher man die Stöpsel macht, zeigt unzählbare Oeffnungen, die es außer Zweifel setzen, daß geistige Dünste auch durch die besten Stöpsel verfliegen müssen.

Ein Theilchen von einer Moospflanze erscheint wie ein großer Baum, und in jedem kleinen Blättchen ist das feinste Geäder, eben so, wie in den skelettirten Blättern großer Bäume, sichtbar.

Der befruchtende Blumenstaub, welchen man in allen Blumen zur Zeit ihrer Blüthe findet, dessen einzelne Theilchen man aber mit bloßem Auge nicht wahrnimmt, hat in diesen Theilchen die mannichfaltigsten Gestalten. Vorzüglich schön nimmt sich der Staub von der kleinen Feldmalve (Malva arvensis Lin.) aus. Jedes einzelne Staubtheilchen, deren unzählige aus dem kleinen Staubbeutelchen heraus fallen, hat die Gestalt eines Uhrrades, dessen scharfe Einschnitte durch das Mikroskop sichtbar werden.

Die feinen Spitzen der Gräser und des Getraides, an welchen man die Zäckchen mit bloßem Auge kaum sieht, kommen wie große Schrotsägen vors Auge.

Ein unmerklich kleiner Theil von dem gewöhnlichen Wischschwamm zeigt ein durchlöchertes Gewebe von lauter feinen Röhren.

An

An einem Mückenflügel sieht man die sauberste Einfassung, von lauter regelmäßigen, schöngeformten Federn, die denen ähnlich sind, welche man von den Flügeln der Schmetterlinge wischt.

Der Staub von den Flügeln der Schmetterlinge zeigt sich in der schönsten Pracht. Jedes Stäubchen ist eine schöne gestaltete ausgezackte Feder, welche unten eine Pose hat, mit welcher sie in den Oeffnungen des Flügels eingefugt gewesen ist. Die Farben sowol, als die mannichfaltigen Gestalten, kann man nicht genug bewundern.

Das gereinigte Auge eines Schmetterlinges, oder einer Fliege, läßt die tausende von Augen, an welche so viele noch nicht glauben wollen, sehr deutlich sehen. Jedes einzelne Auge ist ein Sechseck, regelmäßig geformt, wie die Bienenwaben, und erscheint in ansehnlicher Größe. Das Auge vom Krebse hat Vierecke.

Eine Laus und ein Floh erscheinen ellenlang; eine Käsemilbe in der Größe einer Spanne. Man kann sich kaum vorstellen, wie überraschend ein solcher Anblick ist, und wie viel sonst unsichtbare Schönheiten man an diesem verachteten Thierchen entdeckt. Am interessantesten sind sie, wenn man sie lebendig unter ein Glas bringt, wo sie Raum haben, sich zu bewegen. In dem Körper der Laus sieht man auf das deutlichste die innere Cirkulation der Säfte.

Ein Fäserchen von einer Gänsefeder ist eine prachtvolle Zusammensetzung von unzählbaren andern Federn.

Menschenhaare erscheinen Daumsdick mit ihren inwendigen hohlen Röhren. Die Haare von der unansehnlichen Bärraupe erscheinen wie Palmzweige mit ihren Seitenspitzen.

Kleine Fischschuppen haben die mannichfaltigen Gestalten von großen Muscheln. Vorzüglich schön nimmt sich eine Schuppe vom Barsch aus; vorn wegen ihrer schönen Bögen, und hinten wegen der Kämme.

Außerordentlich interessant sind die Anschüsse von Salzen, wenn man sie im Wasser auflößt, und von dieser Auflösung ein Tröpfchen auf einem Glasschieber verwischt, und es hinter das Mikroskop bringt. Sobald das Wasser abzudünsten anfängt, schießt das Salz an dem Rande theils in verschiedenen Kristallen, theils in den mannichfaltigsten Figuren, zusammen. Am schnellsten und schönsten figurirt sich das Salmiaksalz, welches ein jeder in den Apotheken, so wie andere Salze, leicht erhalten und Versuche damit anstellen kann. Dies zeigt, wenn es anschießt, Bäume, Spieße, Lanzen, Sterne u. s. w.

Dies sind die Wirkungen des Sonnenmikroskops, welche man nun selbst auf tausendfältige Art durch andere Objekte vervielfältigen und verändern kann. Vor allen andern Mikroskopen empfielt

pfielt sich dieses nicht nur durch die außerordentliche Größe und Deutlichkeit der Vorstellungen, sondern auch dadurch, daß 20 und 30 Naturfreunde sie auf einmal anschauen und sich gemeinschaftlich darüber freuen können, wenn bey simpeln und zusammengesetzten Mikroskopen nur einer auf einmal sie beobachten kann. Freylich muß man bey dessen Gebrauch auf Sonne und heitern Himmel warten; aber der Sommer ist ja lang, und dann, wenn man es brauchen kann, die Freude desto größer. Zu einsamen Beobachtungen kann ja auch Jeder das dabey befindliche simple Mikroskop zu allen Zeiten und Stunden nutzen.

Das Instrument selbst besteht nun aus folgenden Hauptstücken. Es gehört dazu:

1) Eine viereckte Vorlage von gebeiztem Birnbaum, in deren ausgedrehtem Falze sich eine runde Scheibe unter einem messingenen Ringe bewegt. Vorn an der Scheibe ist eine ausgedrehete Kapsel zu den Röhren, und hinter derselben ein Sammlungsglas.

2) Ein eingefaßter Spiegel, welcher vor das Sammlungsglas in vier messingenen Schrauben, vermittelst des messingenen Bolzens, angeschroben wird, um die Sonne aufzufangen, und ihr Bild in das Sammlungsglas zu werfen.

3) Zwey

3) Zwey in einander geschobene mit Ringen eingefaßte Röhren, deren obere mit grünem Pergamente überzogen ist.

4) Das eigentliche Mikroskop mit zwey Vergrößerungslinsen in buchsbäumenen Vorrichtungen.

5) Fünf und zwanzig Stück Objekte in fünf Schiebern von Taxusbaum, in welchen die Objekte zwischen feinen concav-convexen Gläsern liegen.

6) Ein simpler Schieber von Spiegelglas, um das Anschießen der Salze zu beobachten, oder in kleinen Wassertropfen die Infußionsthierchen zu sehen.

7) Ein Probeschieber, dergleichen ein Jeder sich mehrere mit leichter Mühe schaffen, und selbst beliebige Objekte hinein legen kann.

8) Eine gläserne Röhre, um in derselben Flüssigkeiten unter das Mikroskop zu bringen.

9) Ein Paar Schrauben, das Instrument anzuschrauben.

10) Ein rothgebeitzter Kasten, in welchem alles eingefügt und verwahrt ist.

Alles also, was zu Beobachtungen erforderlich ist, nebst einer deutlichen Nachricht, wie man zu verfahren habe, um die Wirkungen dieses Sonnenmikroskops hervorzubringen, ist dem Instrumente beigefügt.

Außer-

Außerdem dient nun die mikroskopische Verrichtung unabhängig von Sonne und Verfinsterung des Zimmers, auch als

simples Mikroskop,

welches man zu allen Zeiten, beim Tage und beim Lichte, zu Beobachtungen nutzen kann. Es kommen dazu zwey Vergrößerungslinsen, die eine unter $\frac{1}{2}$ Zoll (eigentlich 5 Linien), und die zweite unter $\frac{1}{4}$ Zoll. Wenn man auch nur $\frac{1}{2}$ und $\frac{1}{4}$ Zoll gerade annehmen will, so vergrößert die erste Linse doch schon im simpeln Mikroskop einen Gegenstand (nach der, Kennern bekannten, Berechnung) 4,096, die zweite aber 32,758mal. Man sieht, daß sich schon hierdurch ein Jeder, wenn er auch nicht zu allen Zeiten die Sonne hat, Unterhaltung genug verschaffen kann.

Beim Gebrauch des simpeln Mikroskops muß Niemand vergessen, die Linsen für sein Auge durch sanftes Schrauben besonders zu stellen; denn der Deutlichkeitspunkt ist fast für jedes Auge verschieden. Wenn also Jemand ein Objekt mit seinem Auge sehr deutlich gesehen hat, so darf er nicht glauben, daß, wenn er das Mikroskop einem Andern hingiebt, dieser nun auch so deutlich sähe, ohne für sein Auge die Linse erst zu stellen. Kurzsichtige müssen die Linse etwas tiefer hinein, Weitsichtige etwas weiter heraus schrauben. Am besten hält jeder das Mikroskop mit der linken Hand vest,

und

und schraubt langsam mit den beiden ersten Fingern der Rechten.

Die Gläser müssen immer rein gehalten und die Linsen mit einem saubern Pinselchen oder mit einem weichen Leder sanft abgewischt werden.

Das vordere am Sonnenmikroskop befindliche Sammlungsglas giebt auch zugleich eine sehr saubere Camera obscura, wenn man etwa 8 Zoll vor demselben in dem verfinsterten Zimmer einen Bogen Papier hält, nachdem man die Röhre und den Spiegel weggenommen."

Dieses ganze Instrument nun erbietet sich der Hr. Feldprediger den **Schulen und Erziehungsanstalten** für 5 Rthl. in Golde, andern Liebhabern für 6 Rthl. in Golde, besorgen zu lassen, wenn es beyZeiten bestellt und das Geld darauf voraus bezahlt wird, weil er sonst nicht immer im Stande seyn dürfte, den großen Kostenaufwand, den dieses Unternehmen veranlaßt, zu bestreiten.

Wer noch eine dritte Linse, welche gegen zwey **Millionen mal** vergrößert, dazu zu haben wünscht, der bezahlt für das Ganze 7 Rthl. in Golde.

Kann und will Jemand zwey Louis d'or daran wenden, so erbietet er sich, ihm dafür zu liefern:

a) eine

a) eine vierte Linse, mit einer Vergrößerung von mehr als zwey Millionenmalen;
b) eine gute Handlupe;
c) sechs in Buchsbaum sehr sauber gearbeitete Schieber mit Objekten;
d) ganz buchsbaumene mikroskopische Vorrichtung;
e) noch andern Apparat, und den Nutzen des Instruments vergrößernde Einrichtungen.

Wer es weiß, daß ein englisches Sonnenmikroskop 50 bis 100 Thaler kostet, und es gesehen hat, daß ein solches Instrument, obgleich ganz in Meßing gearbeitet, nichts mehr leistet, als das, was man hier anbietet, der wundert sich, wie es möglich sey, es um einen so geringen Preis zu verschaffen. Da es aber dem würdigen Manne nicht um Gewinn, sondern um Ausbreitung wohlthätiger Erkenntniß der Werke Gottes zu thun ist, so übernimmt er manche damit verbundene Mühe und Arbeit selbst, ohne auf deren Belohnung zu rechnen. Er opfert seine Nebenstunden auf, und wagt sogar ansehnliche Kosten, um dies interessante und wohlthätige Instrument in mehrere Hände zu bringen.

Besonders wünscht er, und ich mit ihm, es in den Schulen und unter dem Mittelstande bekannter zu machen, weil bis jetzt hieher dergleichen mikroskopische Kenntnisse, wegen des Preißes

der

der Instrumente, nicht häufig gekommen sind. Setzen ihn daher mehrere Bestellungen in den Stand, so will er von dem etwanigen Ueberschusse mehrern Schulen und unbemittelten Familien das Instrument theils schenken, theils um einen noch wohlfeilern Preis überlassen, wie er auch schon in der Vorrede zur zweiten Auflage des ersten Theils seines empfehlungswürdigen Handbuchs der gemeinnützigsten Kenntnisse, versprochen hat.

Da übrigens der Herr Feldprediger sich mit dem Debit und der Versendung nicht selbst befassen kann: so habe ich dieses Geschäft, nach seinem Wunsche, der Braunschweigischen Schulbuchhandlung übertragen, die durch die Verbreitung eines so gemeinnützigen Werkzeuges, sich ein Verdienst um die Schulen, um die Erziehung überhaupt, und um die Beförderung einer bessern Kenntniß der Natur zu erwerben hofft. Aeltern und Erzieher pflegen oft um solche Weihnachtsgeschenke für ihre Kinder verlegen zu seyn, welche ihnen Nutzen und Vergnügen zugleich schaffen können: hier wird ihnen etwas sehr Nützliches und sehr Ergötzendes zugleich angeboten. Wer den oben angegebenen Preis, nebst 4 Ggr. für Emballage an die besagte Schulbuchhandlung franko einsenden wird, dem wird das Instrument mit Zubehör, spätestens in vier Wochen, wohlverwahrt zugesandt

gesandt werden, daß hierbey Niemand sich zu der Klasse der Schulleute rechnen werde, der nicht wirklich dazu gehört, das erwartet man — da hier nicht von einer merkantilischen Spekulation die Rede ist — von eines jeden Käufers eigener Ehrliebe und Gewissenhaftigkeit.

Ein Probestück kann man zu Hamburg in der Heroldschen, zu Hannover in der Helwingischen, zu Leipzig in der Fleischerschen Buchhandlung, zu Frankfurt am Mayn, in der Fleischerschen Buch- und Kunsthandlung, und zu Braunschweig in der Schulbuchhandlung in Augenschein nehmen.*)

Campe.

VIII.

*) Wer es weiß, wie reizend und ungemein anziehend für Kinder alle sinnliche Gegenstände, besonders aber Naturprodukte, sind, und wie nützlich die Beobachtung und Erkenntniß derselben zur Schärfung des Verstandes und zur Erweckung des Beobachtungsgeistes nicht nur, sondern auch zur Bewunderung und Anbetung der Weisheit, Macht und Güte Gottes in seinen Werken, also zu wahrhaft frommer Verehrung des Schöpfers selbst sey: der wird ja gewiß wünschen, auch durch dieses hier angebotene Mittel alle jene guten Endzwecke bey der Jugend, wo möglich, befördern zu können. Vielleicht, daß auch hier edle und begüterte Kinder- und Schulfreunde, auch wohl gutgesinnte Patronen und Gemeinden zutreten und die Anschaffung dieses Instruments

Schulfreund, 5s Bdn.   L   er-

VIII.
Schulanekdoten.

1. Schulnachricht aus Leipzig. *)

Wie es hier noch um den Unterricht und die Geistesbildung der Kinder in so manchen sogenanten Privat- oder Winkelschulen aussteht, kann folgendes Beispiel zeigen. Ich fragte vor kurzem einen kleinen Knaben, der eben mit den Büchern unter dem Arme im Begriff war, in eine solche Schule zu gehn: was er heute in der Schule zu thun hätte? Er gab mir zur Antwort: etliche Seiten aus dem Dresdner Katechismus, nebst einem Gesangbuchsliede und Sprüche aus der Bibel auswendig herzusagen. Ich ließ mir sein sogenanntes Spruchbuch zeigen, worinn der Lehrer für jeden Sonntag einen Spruch, nebst einem sich darauf beziehen sollenden Liederverse, hinein geschrieben hatte. Folgendes davon zur Probe:

Dom. III. post Epiph. Spruch: "Alles, was ihr bittet in eurem Gebet, glaubet nur, daß ihrs empfahen werdet, so wirds euch werden." Vers. Nun ich weiß, du wirst mir stillen mein Gewissen, das mich plagt,

erleichtern, durch dessen Gebrauch man den Kindern nicht nur ein recht nützliches Vergnügen machen, sondern es auch als Aufmunterung und Belohnung des Fleißes sehr wirksam anwenden könnte.

der Herausgeber.

*) S. deutsche Zeit. 1792. St. 15. S. 243.

plagt; es kann deine Treu erfüllen, was du selber hast gesagt, daß auf dieser weiten Erden, keiner soll verlohren werden, sondern ewig leben soll, wenn er nur ist glaubensvoll."

Dom. IV. post Epiph. "Aus sechs Trübsalen wird dich der Herr erretten, und in dem Siebenden wird dich kein Uebel treffen." Vers. "Beweis deine Macht, Herr Jesu Christ, der du ein Herr aller Herren bist, und hilf deiner armen Christenheit, daß sie dich lob in Ewigkeit."

Dom. Estomihi. Spruch. "Ich will zu Gott rufen, und der Herr wird mir helfen; des Abends, Morgens und Mittags will ich klagen und heulen, so wird er meine Stimme hören." Vers. "Ach Gott! wie manches Herzeleid, begegnet mir zu dieser Zeit, der schmale Weg ist Trübsalsvoll, den ich zum Himmel wandeln soll.

Wer seinen Kindern solche Milchspeise des Geistes gönnen will, der schicke sie in die Schule zu Herrn T. in der R. Straße, im sogenannten S...s.

2. Eine Anfrage. *)

Ein Schulmeister in Westphalen hatte, wie Hr. Möser erzählt, folgenden Einfall: Er bevestigte an den Kirchthüren einen Verschlag, mit einem Drathgitter überzogen, wie an den Rathhäusern und Gerichtsstuben, in welchem er die Schreibbücher sei-

*) S. deutsche Zeit. 1792. St. 15, S. 248.

ner Schulknaben sonntäglich aufstellte. Die Aeltern, welche hier die Fortschritte der Kinder bemerkten, und dabey ihre Ehre ins Spiel kommen sahen, theilten darüber ihre Empfindungen zu Hause den Kindern durch Worte und Prügel mit, und erweckten eine größere Anstrengung. — In Naumburg an der Saale schlagen noch jetzt die Schüler ihre lateinischen Eedicte jährlich in der Stadtschule an. Diese Beispiele, davon freilich das erste schicklicher ist, als das letzte, veranlassen mich zu der Frage:

Wäre nicht die Erziehung und der Unterricht in Schulen dadurch mehr zu einer öffentlichen Anstalt zu machen, daß man — nicht allein in der Religion, sondern auch über Naturwissenschaft, Vaterlandsgeschichte und andere zweckmäßige Gegenstände des Sonntags in der Kirche, vor der Gemeinde, Katechisationen mit der Jugend anstellte? und dafür lieber nur einmal predigte? Der Nutzen einer solchen Anstalt, recht geleitet, wäre unübersehbar!

IX.

Rezensionen und Anzeigen.

1. Entwurf zu einem Gesundheits-Katechismus, der, mit dem Religions-Katechismus verbunden, für die Kirchen und Schulen der Grafschaft Schaumburg-Lippe ist entworfen worden. Bückeburg, 1792.

1792. bey Johann Friedrich Althans, Hochbuchdrucker. 8. 40 S. Der Verleger erbietet sich 50 Exemplare dieses Buchs für 1 Thl. Konventionsmünze zu geben.

Wenn es wahr ist, daß die Sorge ut sit mens sana in corpore sano (eine gesunde Seele in einem gesunden Leibe!) dasjenige ist, und alles in wenig Worten umfaßt, worauf eine gute Pädagogik hinarbeiten muß; dann verdient die verehrungswürdigste, deutsche Fürstin Juliane Wilhelmine von Schaumburg-Lippe, zu Bückeburg, Segen und Dank nicht nur von allen ihren Unterthanen, sondern auch von allen wohlgesinnten Menschen- und auch Schulfreunden: daß sie den großen, wahrhaft fürstlichen Gedanken faßte, durch zweckmäßige Lehrbücher für beides, bey der Jugend ihres Landes zu sorgen. Zur gesündern Seelennahrung führte die trefliche Fürstin den bekannten Hannöverschen Katechismus ein, und faßte dann den Endschluß, mit demselben auch einen Katechismus über die Sorge für Leben und Gesundheit verbinden zu lassen. Die Ausarbeitung desselben trug sie dem, nicht nur als berühmten Arzt, sondern auch als wahren Menschenfreund, allgemein verehrten Hrn. Hofrath und Leibarzt, Doctor Faust zu Bückeburg, auf. Wer kennt den treflichen Mann, den warmen Freund der Menschheit nicht, der mit unermüdetem Eifer sich der Gebrechen annimmt, woran das menschliche Geschlecht leidet, und, durch Heilung derselben, es zu seiner ursprünglichen Leibes- und Seelengesundheit und Würde wieder zurück zu führen arbeitet? Wem sollte sein, einer allgemeinen Aufmerksamkeit und Beherzigung, von jedem, dem Menschenwohl am Herzen liegt, werthes Buch: **wie der Geschlechtetrieb der Menschen in Ordnung zu bringen**, mit einer Vorrede vom Hrn. Campe (Braunschweig 1791.) und seine darin gethane Vorschläge zu einer zweckmäßigen, gesunden, leichten, wohlfeilen und besonders jene Absicht befördernden Kinderkleidung, die er durch obrigkeitliche Anordnung eingeführt wünscht, unbekannt geblieben seyn? Welch eine günstige Meinung müßte also nicht schon das für den hier angezeigten Gesundheits-Katechismus erwecken, daß die Bearbeitung desselben in die Hände eines solchen Mannes fiel? Und wirklich hat er dieselbe und darin den für das Wohl der Menschheit so ersprießlichen Gedanken der edlen Fürstin ganz seiner würdig ausgeführt. Es würde wohl überflüßig seyn, hier eine Beurtheilung, des in aller Hinsicht — auch selbst was den gemeinverständlichen, herzlichen Ton betrifft — **vortrefflichen** Büchleins, hier anzustellen. Nein, die Absicht des Herausgebers des Schulfreundes geht blos dahin, daß er nicht gern einen Augenblick verlieren möchte, dasselbe **allen** Predigern und Schullehrern bekannt zu machen, und es ihnen in die Hände zu bringen! Und zu dieser Absicht scheint ihm denn schon eine bloße Anzeige des Daseyns und des

Inhalts

Inhalts desselben, mit der Versicherung, genug: daß sie mit demselben einen wahren Schatz von Weisheit, die zu Tugend und frohen Lebensgenuß führt, erhalten, und daß sie sich als wahre Wohlthäter, Menschen- Volks- und besonders Freunde ihrer Orts-Einwohner und namentlich ihrer Schulkinder beweisen, wenn sie eilen, dies wohlfeile Büchlein in so viel Hände zu bringen, als nur möglich ist und es allenthalben zu einem Schul- und Lehrbuch einführen. Die Anschaffung desselben würde ihnen dadurch erleichtert, wenn z. B. 2 oder 3 in der Nachbarschaft zusammen träten, und gleich für 1 Thlr. zusammen bestellten: Auch ist ja wol von wohlgesinnten Gutsherrschaften und Patronen, den darum zu thun seyn muß, tugendhafte und gesunde Unterthanen zu haben, Laster, Siechthum und Elend zu mindern, und für ein frohes und langes Leben derselben zu sorgen, so wie von begüterten, edlen Menschenfreunden überhaupt zu hoffen, daß sie dem Beispiel des Herrn von Rochow und andrer verehrungswürdigen Menschen und Kinderfreunde nachfolgen, die mehrere hundert Exemplare dieses Büchleins mit einemmal zum Verschenken und Austheilen kommen ließen. Jetzt nur noch meinen innigsten, heißesten Dank dem verehrungswerthen Menschenfreunde, Hrn. Faust — für dies schöne Geschenk, das er der Menschheit machte! Gewiß wird jeder, dem der Wunsch für immer größeres Menschenglück und Menschenveredlung, im Herzen

L 4

glüht,

glüht, in diesen Dank gern mit einstimmen. Und nun nur noch der Inhalt dieses Büchleins.

I. Erste Abtheilung.
Von der Gesundheit.

Frage.

1. Von der Gesundheit und ihren Kennzeichen 1 — 14
2. Von der Wartung kleiner Kinder - 15 — 22
3. Von der Luft - - - 23 — 33
4. Von der Reinlichkeit - - 34 — 43
5. Von Kopfbedeckungen und Halsbinden 44 — 48
6. Von der Kleidung - - 49 — 56
7. Vom Brode und von Speisen - 57 — 70
8. Von Getränken - - 71 — 75
9. Vom Weine - - - 76 — 79
10. Vom Branntewein - - 80 — 83
11. Vom Toback - - 84 — 86
12. Von den Wohnungen der Menschen 87 — 93
13. Vom Erhitzen der Stuben - 94
14. Von erfrornen Gliedern - 95 — 98
15. Von Gewittern - - - 99 — 101
16. Von der Arbeitsamkeit - 102 — 106

II. Zweite Abtheilung.
Von Krankheiten.

17. Von Krankheiten, Aerzten und Arzeneien - - - 107 — 124
18. Von dem Verhalten in Krankheiten und Fiebern - - 125 — 164
19. Von ansteckenden Krankheiten 162 — 171
20. Von den Blattern - 172 — 182

21. Von

Frage.
21. Von den Masern - 183—185
22. Von der Ruhr - - 186—194
23. Von dem Verhalten nach Krankheiten 195—196
24. Von Schulen - - 197—200

Ueberall ist dieser in Frage und Antwort abgefaßte Unterricht mit den feinsten Bemerkungen durchwebt, und durch sehr gute und zweckmäßige Liederverse sogar religiös und erbaulich gemacht! Mit wie viel mehr Freude, Munterkeit, Wohlbehagen und weniger Nachtheil für Gesundheit würden Lehrer und Kinder auch in den Schulen beisammen seyn können, wenn die hier vorgelegten Lehren befolgt würden! Den Wunsch kann ich nicht zurück halten: daß doch besonders das, was Hr. Faust von den schädlichen Kopfbedeckungen und namentlich von den dumm- und ungesund machenden Pelzmützen sagt, die mir immer die nächste Ursach von Grindköpfen und allem daher entstehenden Ungemach, das unsere niedere Schulen so unangenehm macht, scheinen, beherzigt werden möchte! — Mir wenigstens ist es immer, wo ich Pelzmützen auf den Köpfen der Kinder sehe, um die Köpfe selbst bange, und so gewesen, als wenn da, wo sie im Schwange sind — nicht sonderlich in Aufklärung und Schulverbesserung vorgeschritten sey!

2. Ueber die höchstnöthige Verbesserung der Dorfschulen. — Ein freimüthiges Wort, zur Beherzigung für alle diejenigen, die etwas zur Verbesserung dieser Schulen beitragen wollen und dürfen, mit den Worten: Röm. 13, v. 11. Und weil wir solches wissen, nämlich, die Zeit, daß die Stunde da ist, aufzustehn vom Schlaf. Leipzig, bey Göschen. 1792. 8. 96 S. (6 ggl.)

Auf einem besondern, aber kaßirten Titel, stand der bestimmende Beisatz: Verbesserung der Chursächsischen Dorfschulen. Warum dieser Zusatz weggelassen, und ob man durch diese Weglassung vielleicht dem Büchlein einen weitern Wanderungskreis und ein größeres Publikum verschaffen wollen, kann ich nicht sagen. Doch dem sey, wie ihm wolle, so verdient diese Schrift nicht nur von Sächsischen Patrioten, sondern wegen der allgemein nützlichen und brauchbar treffenden Bemerkungen, welche die Dorfschulen überhaupt betreffen — auch von Schulleuten in andern Ländern und Provinzen beherzigt zu werden. Möchten nur immer auch, außer Chursachsen, der lesenden Schulfreunde und Schullehrer möglichst wenige seyn, die bey der Beschreibung der, wie die eignen Worte des Verfassers sie nennen: elenden und höchst bejammernswürdigen Chursächsischen Dorfschulen (die er aus vieljähriger

trau-

trauriger Beobachtung sehr gut kennt) nicht mit
wahrer Indignation etwa ausrufen dürfen: c'est
tout, comme chez nous!! Wer denn der würdige
unbekannte Verfasser dieser Schrift auch sey; er
kann auf die Verehrung aller Sächsischen Schulfreunde, denen das Wohl des Vaterlandes am Herzen liegt, und selbst auf den Dank aller seiner ver-
ständigen Obern Rechnung machen; ob man ihm
gleich bey Manchen, denen alter Schlendrian aus
Bequemlichkeitsliebe behaglich ist, für scheele Ge-
sichter, und, wo sein Name bekannt wäre, auch für
ihm, wegen seiner guten Wohlmeinung zu erregende
Unannehmlichkeiten nicht bürgen mag. Immer
aber reicht der Herausgeber des Schulfreundes dem
unbekannten Menschenfreund freundlich die Hand,
und nennt ihn mit froher Aufwallung seines Herzens: Bruder und Freund, weil er mit ihm auf
gleicher Bahn wandelt, und zu einem und demselben guten Endzweck wirkt. Immer ist er ein
Mann, der warm für Menschen- und Vaterlandswohl fühlt, und dem es so wenig an Beobachtungs-
geist, als Bekanntschaft mit den Bedürfnissen und
Gebrechen der niedern Volksschulen überhaupt und
namentlich der von Chursachsen, fehlt. Und wenn
nun diese Gebrechen und Krankheiten so wie viele,
woran nicht nur Schulen, sondern die Menschheit
selbst, darnieder liegen — heilbar, und nicht, wie
viele um der lieben Bequemlichkeit willen glauben —
unheilbar sind, um nur sich mit der mühsamen

Kur

Kur nicht abgeben zu dürfen: so verdient ja der Mann gewiß den herzlichsten Dank und eine allgemeine Verehrung, der (wenn auch das Sprüchlein, leider! wahr seyn sollte: veritas odium parit) beherzt auftritt, und mit männlichem Muth und doch bescheiden seine Stimme erhebt, jene Mängel und Krankheiten aufdeckt, in die Ursachen derselben eindringt, und zur endlichen ernstlichen Radikalkur Vorschläge thut. Und dies ist eben der Inhalt dieses Buchs. Wunder muß es einem bey Durchlesung desselben denn doch wahrlich machen, wie so auffallende Gebrechen der Chursächsischen Dorfschulen bisher weniger oder nicht bemerkt — oder noch schlimmer, wenn sie bemerkt — denselben nicht längstens ernstlich abgeholfen wurde? und so muß jeder in den Wunsch des Verfassers, der gewiß durch keine niedrige Nebenabsichten, sondern lediglich durch sein achtsames und von Eifer für wahres Menschen- und Vaterlandswohl durchdrungenes Herz, bey dieser Darlegung des kläglichen Schulzustandes geleitet wurde — einstimmen: "daß diese seine Schrift "unter der alles leitenden Vorsehung und Regierung "Gottes in die Hand eines in seinem Lande viel "geltenden und viel vermögenden Mannes, oder "doch wenigstens in die Hand eines vom warmen Ei- "fer für Menschenveredlung durchdrungenen Super- "intendenten, Predigers oder Schullehrers, kommen "möchte, der vielleicht den traurigen Zustand der "Sächsischen Dorfschulen schon lange, wie der Ver-
"fasser,

"fasser, kannte und mit Wehmuth fühlte; dem es
"doch aber nur noch an einem kleinen Stoß fehlte,
"um seine ganze Kraft in Thätigkeit zu setzen, und
"wenigstens an seinem Theile, in seinem größern
"oder kleinern Wirkungskreise; alles nur Mögli-
"che zur Verbesserung der ihm besonders anver-
"trauten Dorfschulen beizutragen."

Die Hauptursache, warum die Chursächsischen Länder, in Ansehung der Schulverbesserung und Volksbildung, vielen benachbarten Ländern und Städten noch nachstehen, und wenigstens noch um funfzig Jahre hinter denselben zurück sind, glaubt denn der Verfasser besonders in dem Mangel am **wahren Christlichen Patriotismus** zu suchen, und belegt und unterstützt dieses mit dem Urtheile eines Zollikofers, der mit dem Ruhm eines eben so helldenkenden, Christlichen Philosophen, als rechtschaffenen Mannes, aus der Welt gegangen ist. Sie befindet sich im 6ten Bande seiner nach seinem Tode herausgekommenen Predigten, S. 209. wo Zollikofer von den Nationalfehlern handelt; die hier wegen Mangel des Raums nicht ausgezeichnet werden können. Der Verfasser weiß den verderbten Zustand der Dorfschulen (en gros verstehtsich!) nicht stark zu beschreiben. Nur etwas. So sagt er Seite 17. "Wir finden bey denselben Lehrer, die größtentheils *) die rohesten

und

---

*) Man glaube nicht, daß ich hier zu viel sage. Ich kenne allerdings auch unter den Schulmeistern man-

chen

und unwissendsten Menschen, sind Menschen, die ehemals die traurigen Rollen der Bedienten spielten, oder die auch noch jetzt ein Handwerk treiben, oder chen einsichtsvollen, gesitteten und rechtschaffenen Mann. Aber deren giebt es gewiß vergleichungsweise nur äußerst wenige, und wer nur etwas mit unserm Lande bekannt ist, der wird gewiß sehr viele kennen, von welchen man eine noch weit häßlichere Schilderung machen könnte, als diejenige ist, die sich von einem Mädchenschulmeister im 34. Stück der deutschen Zeitung vom Jahre 1788. findet. Für diejenigen Leser, welche diese Zeitung nicht selbst besitzen, will ich diese Schilderung abschreiben; und wer weiß, ob nicht mancher das entsetzliche Original davon kennt? "Wenn bey uns, heißt es S. 276, ein Jahrmarkt fällt, so pflegen dankbare Aeltern den Lehrer ihrer Kinder mit einigen Groschen zu erfreuen, und ihn damit zu neuem Fleiße anzufeuern. Dies geschieht auch in der Mägdleinschule; aber der Mann läßt sich damit nicht begnügen. Er verlangt noch außer dem Geschenk, das er von den Aeltern mit Recht erhält, von seinen Schulkindern noch etwas besonders geschenkt zu bekommen. Sie legen deshalb zusammen, und kaufen ihm etwas gemeinschaftlich. Da mag doch wol manches Kind seinen Aeltern ein Dreterchen mausen! Die Schulkinder müssen ferner, keins, auch das ärmste nicht ausgenommen, Kehrgeld geben, und gleichwol die Schulstube selbst kehren. Sie müssen ihm spinnen, Wellchen machen, und überhaupt alles thun, was in seinem Haushalte zu thun vorfällt. Jedes muß sein Morgenbrod mitbringen, und das, was es nicht aufessen

oder die auch allenfalls auf einer sogenannten Trivialschule einige Zeit gewesen sind, aber sich nur deswegen noch am Ende zu einem Schulamte auf dem Dorfe verstanden, weil sie wegen allzugroßer Armuth auf keine höhere Schule gehen konnten, oder überhaupt nichts gelernt hatten. Ihre Einkünfte sind so äußerst schlecht und gering, daß sie schlechterdings mit ihren Familien nicht einmal nothdürftig leben können, und haben sie Wirthschaft, (wie das immer der traurige Fall ist,) so sind sie durchaus genöthiget, ihr Amt zu vernachläßigen, sich blos ihrer

essen kann, nicht etwa einem ärmern Kinde geben, sondern auf der Tafel liegen lassen für die Schweine des Lehrers. Beim Ansagen der Lektion treten die Kinder hinter ihm, und lesen ihm das aufgegebene Stück aus seinem Buche. Mädchen spielen gerne mit Fangesteinen, die nimmt er ihnen; sie können sie aber von ihm wieder bekommen, wenn sie ihm die im Spiel gewonnenen Stecknadeln geben. Wenn ein Kind beim Sonntags-Kinderexamen auftreten will, so muß es sich vorher mit dem Lehrer gut abfinden; außerdem wird es nicht zugelassen. Ich könnte Ihnen noch mehrere Stückchen von seiner schlechten Pädagogik erzählen, wenn die angeführten nicht schon hinreichend genug wären, um daraus zu sehen, wie sehr sich ein Schullehrer, der sich besser zu einem Zöllner geschickt hätte, entehren kann." — Mit Recht überschreibt der Herr Verfasser der deutschen Zeitung diese Erzählung: Schilderung eines noch lebenden und Schule haltenden Mädchenschulmeisters, so wahr, als uns glaublich. D. Vf.

rer Oekonomie zu widmen, und alles, was sie auf dem Felde, oder sonst in ihrer Haushaltung zu thun haben, selbst zu verrichten, weil sie sonst betteln gehen, oder Hungers sterben müßten. Und dann das Gemälde einer s o l c h e n Dorfschule — wer kann es ansehen, ohne innigste Wehmuth, mit Unwillen vermischt, zu empfinden? Nur ein Paar Züge dieses schmählichen Bildes!.. "Hier sitzen hundert und oft mehr Kinder, Knaben und Mädchen, in einer Stube beisammen, die nicht düstrer, nicht enger, nicht schmutziger und gestankreicher seyn könnte, als sie wirklich ist. Das eine speiset, das andere lacht, das dritte schnitzt an der Tafel, das vierte läuft umher, und das fünfte prügelt sich mit seinem männlichen oder weiblichen Nachbar, weil es ihrem Lehrer noch nicht gefallen hat, vom Schlafe aufzustehen, und sie also jetzt noch ganz ohne alle Aufsicht sind, obgleich die Dorfuhr die Stunde schon längst und ziemlich laut verkündiget hat, wo eigentlich nach den Gesetzen der Schulordnung, der Unterricht seinen Anfang nehmen soll. Doch jetzt, vielleicht nur durch jenen schrecklichen Lärm unsanft gestört und aufgeweckt, erscheint der Schulmeister. Schon aus seiner Miene läßt sich nicht viel Gutes und Erfreuliches ahnden. Sie ist so finster, so mürrisch und abschreckend, daß jeder, der Lavaters physiognomische Fragmente auch nicht gelesen hat, daraus mit dem gegründetsten Rechte auf den herzlichen Verdruß und Widerwillen, mit dem dieser

Mann

Mann, die Geschäffte seines Amts treibet, schließen kann. Die Kinder fahren schon bey seinem ersten Anblicke erschrocken und bebend zusammen, und erwarten jetzt nicht sowol Unterricht in der Religion Jesu, die ganz Religion der Sanftmuth, der Liebe und der Freude ist, als vielmehr die schärfste Ahndung ihrer Unarten und tüchtige Prügel. Auch sein Aufzug, in welchem er erscheinet, ist so beschaffen, daß sie ihn alle mehr mit Verachtung, als mit Ehrerbietung und Hochachtung, ansehen müssen. Er kömmt ganz so, wie er aus dem Bette gestiegen ist, in die Schulstube, und wer die Armuth, in welcher die Schulmeister auf dem Lande leben müssen, und zugleich die Unreinlichkeit und den Schmuz kennt, der gemeiniglich mit dieser Armuth verbunden zu seyn pflegt, der wird sich von selbst einen sehr lebhaften Begriff von seinem ganzen Aussehen machen können. Und dieser Mann will in einem solchen Aufzuge und bey einem solchen Aussehen Ansprüche auf Respekt und Hochachtung seiner Kinder machen, die so ganz sinnlich sind, ganz am Aeußerlichen hängen, und noch weit mehr, als Erwachsene, auf das Kleid sehen, das derjenige trägt, den sie ehren und achten sollen? Dieser Mann will einen guten und zweckmäßigen Unterricht in der Religion ertheilen, da er doch vielleicht noch nicht einmal Gott um Segen und Unterstützung dazu angerufen, und an keine Vorbereitung auf den zu gebenden Unterricht gedacht hat; gleich als ob er ein

Schulfreund, 5s Bd. M Mann

Mann wäre, der die Pädagogik und Theologie schon längst in ihrem ganzen Umfange und so genau studirt hätte, daß er gleich aus dem Stegreife die beste Erklärung von jedem Spruch der Bibel machen, und allemal die schicklichste Frage an seine oft so verworren antwortenden Kinder thun könnte? — Die Kinder schreien ihm gleich bei seinem ersten Eintritt in die Stube mit ihrer gewöhnlichen geräuschvollen Lebhaftigkeit einen guten Morgen! entgegen, und er, ohne diesen Gruß mit einer schuldigen Danksagung zu erwiedern, sucht seinen Stock, den er bey der großen Ungezogenheit und Ausgelassenheit seiner Zöglinge immer sehr nöthig hat, oder greift vor allen Dingen nach seiner wohlgeschwärzten Tobackspfeife, die, nebst dem Kaffee, den er gemeiniglich erst in der Schulstube im lüstern Beyseyn aller Kinder zu trinken pflegt, in diesem Jammerthale noch sein einziges erquickendes Labsal ist." (Ich habe sogar einen Schulmeister gesehen, der, während, daß die Kinder ihr Pensum aufsagten, seine Stiefeln putzte, und wäre mir nicht seine eigentliche Herkunft bekannt gewesen, so hätte ich mich hier gewiß nicht enthalten können, ihn zu fragen, ob er vielleicht bey einer ehemaligen Bedientenstelle so sehr an diese schmuzige Arbeit gewöhnt worden sey, daß sie ihm auch jetzt noch weit mehr Vergnügen mache, als die unendlich edlere Beschäftigung, Kinder zu unterrichten?) Die Schule nimmt nun ihren Anfang. Es wird ein Morgenlied gesun fungen, oder sonst ein Gesang angestimmt, den der Schulmeister nicht etwa für seine Kinder, nicht etwa zur Erweckung ihrer Andacht, sondern blos für sich und zu seinem eignen Troste, wählt, weil er sich mit ängstlichen Nahrungssorgen tragen muß, und vielleicht nicht weiß, was er zu Mittage, nach geendigten Schulstunden, zur Erquickung und Stärkung seines durch immerwährendes Reden ganz abgematteten Leibes, essen soll. Unter dem Gesange selbst (an welchem ganz natürlich die Kinder, außer daß sie die Lippen bewegen, und oft schrecklich disharmonische Töne aus ihren kleinen Hälsen hervorschreien, gar keinen Antheil nehmen, weil sie das, was sie singen, nicht verstehen und empfinden, oder auch wol gar nicht einmal richtig lesen können) plaudern sie, oder zanken und schlagen sich, und der jähzornige und ohnedies schon äußerst mißmüthige Lehrer sieht sich nothgedrungen, auf sie zuzulaufen, und sie mit seinem Stocke ernstlich und nachdrücklich wieder zur Andacht und Herzenserhebung zurück zu prügeln. Nach Endigung des Liedes wird der sogenannte Morgensegen aus Luthers Katechismus, oder aus irgend einem andern für Hausväter und Hausmütter bestimmten Gebetbuche, ohne Verstand und Empfindung hergesagt, und dann ein Kapitel aus der Bibel vorgelesen, das in der Reihe folgt, und zu dessen Erklärung und Anwendung der Schulmeister kein Wort sagt, *) und entweder wegen seiner

M 2

*) Und oft ist es auch wahrhaftig recht gut, wenn er gar

net eignen groben Unwissenheit nicht ein einziges Wort sagen kann, oder auch vielleicht deswegen wohlbedächtig nichts sagen darf, weil das vorgelesene Kapitel gerade Aussprüche oder Erzählungen enthält, die nicht für Kinder passen, und bey einer genauern und umständlichern Erklärung nur Lachen oder Gähnen erzeugen, oder wol gar den Kindern selbst mehr nachtheilig, als vortheilhaft werden würden." Ferner sagt der Herr Verfasser S. 35. "Es ist ja wahrhaftig eine ganz außerordentliche Vorfallenheit, wenn unter den funfzehn oder zwanzig Kindern, die in manchem Dorfe zu Ostern die Schule verlassen, und öffentlich konfirmiret werden, sich einmal nur **ein einziges**, oder höchstens **zwey**, befinden, die gar nichts dazu sagt. Di.s beweist folgende Geschichte: Es kam ohnlängst ein armer Knabe von 12 Jahren vor meine Thür, und bettelte. Das Gebeth, das er bey dieser Gelegenheit hersagte, war der 22ste Psalm, wo unter andern im 22sten Verse die Worte vorkommen: "Hilf mir aus dem Rachen des Löwen, und errette mich von den Einhörnern." Ich fragte den Knaben, verstehst du denn auch diesen Psalm, den du jetzt hergesagt hast? War denn David in den Rachen eines Löwen, als er jene Worte betete: "Hilf mir aus dem Rachen des Löwen?" Ja, antwortete er, mein Herr Schulmeister hat es mir gesagt, David hätte in dem Rachen eines Löwen gesteckt, und sobald er da gebetet hätte, so hätte ihn der Löwe augenblicklich wieder fallen lassen. Herrliche Erklärung!

die gehörig lesen, die einige Sprüche aus der Bibel verstehen, und überhaupt von Gott und der Religion erträgliche Begriffe haben, an die gute Leitung ihrer Herzen, an die Angewöhnung zu frommen Gesinnungen, und mit einem Worte, an die Anführung zum thätigen Christenthume, worauf doch das allermeiste ankommt, ist hier gar nicht zu denken. Bey der Untersuchung der Ursachen dieses elenden Schulstandes bekommen denn die Herren Specialsuperintendenten und Schulmeister, die sich so wenig um die Dorfschulen bekümmern, und der Schulordnung § 2. so wenig nachkommen, eine derbe — aber wenn auch nur zehn in Sachsen so sind, wie sie da geschildert werden, in ihrer Amtstreue, und besonders erstere in ihrem Benehmen gegen die Schullehrer, die in der Regel per Er und Ihr bettelt werden, — wohlverdiente Lektion!

Die Vorschläge, die der Verfasser zur Verbesserung thut, sind wohl durchdacht, und gewiß anwendbar. Möchten sie nur gehört und beherzigt werden! Daß die Anlegung mehrerer Schulmeister Seminarien (denn eins würde, des großen Umfangs des Landes wegen, wenig fruchten) eines der ersten ist, versteht sich. Erfreulich ist denn doch, bey dem so wenig Erfreulichen dieses Buchs, die Note, die der Schriftsteller S. 54. hinsetzen konnte: "Heil, ewig Heil und Ehre unserm Lande! der Anfang zur Befriedigung unserer Wünsche scheint nun auf einmal gemacht zu seyn. Diese Schrift war geendiget, und zum Drucke bestimmt, als ich von einem Freunde aus Dresden erfuhr, daß der Herr Oberkonsistorialpräsident von Burgsdorf an der Errichtung eines Schulmeisterseminariums auf das eifrigste arbeitete, und wirklich schon eine solche Anstalt getroffen habe, wo vierzehn Schüler zu künftigen Schulmeistern gebildet werden sollen. Jeder Patriot wird diesem einsichtsvollen und edeldenkenden Manne, dazu Gottes Segen wünschen. Es scheint, als wenn ihn Gott recht absichtlich zum Glück unserer Schulen auf den hohen Posten, den er jetzt mit so vielem Ruhme bekleidet, gestellt hätte. Gott erhalte ihn noch lange unserm Vaterlande, und lasse ihn, wie Jesum, Gutes wirken, dieweil es Tag ist." Die übrigen guten Vorschläge, bessere Lehrbücher ɪc. betreffend, müssen den Lesern überlassen werden. Möchten denn doch die letzten — wahrhaft rührenden und mit wahrer Wärme geschriebene Anreden und Aufforderung an die Grossen, die die Väter des Vaterlandes, Vorsteher des Volks, die Aufseher des Schulwesens und Prediger — die so gewiß von Herzen giengen, auch zu Herzen gehen! Was er dem Adel S. 62. sagt, kann ich mich nicht enthalten, abzuschreiben: "O! ihr sächsischen Edelleute, unter denen ich so manchen vortrefflichen Mann kenne, werdet doch stolz auf das große Vermögen, das ihr besitzt, euch um die ganze Menschheit die größten Verdienste zu erwerben! Ahmet doch dem rühmlichen den Beispiele jener eben (im Buch) genannten Männer nach! Wendet euern Reichthum, den ihr habt, blos zum Besten eurer Unterthanen an! Suchet eure Dorfschulen in eine glücklichere Verfassung zu setzen! Nehmet euern Schulmeistern die Wirthschaft ab, und setzet sie ebenfalls in eine solche Lage, daß sie ihren Aemtern mit Fleis und Treue vorstehen, und in denselben viel Segen schaffen können! Was hat denn der Mensch auf dieser Erde für Freuden, wenn es nicht die des Recht- und Wohlthuns, nicht die der Nachahmung Gottes und der Menschenbeglückung sind? Der schönste und dauerhafteste Adel, ist Adel des Geistes und des Herzens. Der gilt bey allen Menschen, und hat auch selbst bey dem Gott den größten Werth, der uns unsern auszeichnenden Stand, unser Ansehn, und unsern Reichthum nur deswegen giebt, damit wir dadurch seine geliebte Menschenfamilie erfreuen und beglücken sollen. Und wohl dem, der das thut! Sein Name wird auf Erden mit Ehrfurcht und Bewunderung genannt, und noch einst im Himmel groß werden!

Nur noch eine einzige feine Anmerkung des Vf. erlaube man mir hinzu zu setzen, weil sie mir um der jetzigen Zeitumstände, und besonders des inkonsequenten Geschreies willen, nöthig scheint, womit man den Großen der Erde jetzt in Ohren liegt: als ob — man beruft sich dabey auf Frankreichs Beispiel! — die Aufklärung des Volks durch verbes-

rer Oekonomie zu widmen, und alles, was sie auf dem Felde, oder sonst in ihrer Haushaltung zu thun haben, selbst zu verrichten, weil sie sonst betteln gehen, oder Hungers sterben müßten. Und dann das Gemälde einer solchen Dorfschule — wer kann es ansehen, ohne innigste Wehmuth, mit Unwillen vermischt, zu empfinden? Nur ein Paar Züge dieses schmähligen Bildes! "Hier sitzen hundert und oft mehr Kinder, Knaben und Mädchen, in einer Stube beisammen, die nicht düstrer, nicht enger, nicht schmutziger und gestankreicher seyn könnte, als sie wirklich ist. Das eine speiset, das andere lacht, das dritte schnitzt an der Tafel, das vierte läuft umher, und das fünfte prügelt sich mit seinem männlichen oder weiblichen Nachbar, weil es ihrem Lehrer noch nicht gefallen hat, vom Schlafe aufzustehen, und sie also jetzt noch ganz ohne alle Aufsicht sind, obgleich die Dorfuhr die Stunde schon längst und ziemlich laut verkündiget hat, wo eigentlich nach den Gesetzen der Schulordnung, der Unterricht seinen Anfang nehmen soll. Doch jetzt, vielleicht nur durch jenen schrecklichen Lärm unsanft gestört und aufgeweckt, erscheint der Schulmeister. Schon aus seiner Miene läßt sich nicht viel Gutes und Erfreuliches ahnden. Sie ist so finster, so mürrisch und abschreckend, daß jeder, der Lavaters physiognomische Fragmente auch nicht gelesen hat, darf aus mit dem gegründetsten Rechte auf den herzlichen Verdruß und Widerwillen, mit dem dieser

Mann

Mann die Geschäffte seines Amts treibet, schließen kann. Die Kinder fahren schon bey seinem ersten Anblicke erschrocken und bebend zusammen, und erwarten jetzt nicht sowol Unterricht in der Religion Jesu, die ganz Religion der Sanftmuth, der Liebe und der Freude ist, als vielmehr die schärfste Ahndung ihrer Unarten und tüchtige Prügel. Auch sein Aufzug, in welchem er erscheinet, ist so beschaffen, daß sie ihn alle mehr mit Verachtung, als mit Ehrerbietung und Hochachtung, ansehen müssen. Er kömmt ganz so, wie er aus dem Bette gestiegen ist, in die Schulstube, und wer die Armuth, in welcher die Schulmeister auf dem Lande leben müssen, und zugleich die Unreinlichkeit und den Schmuz kennt, der gemeiniglich mit dieser Armuth verbunden zu seyn pflegt, der wird sich von selbst einen sehr lebhaften Begriff von seinem ganzen Aussehen machen können. Und dieser Mann will in einem solchen Aufzuge und bey einem solchen Aussehen Ansprüche auf Respekt und Hochachtung seiner Kinder machen, die so ganz sinnlich sind, ganz am Aeußerlichen hangen, und noch weit mehr, als Erwachsene, auf das Kleid sehen, das derjenige trägt, den sie ehren und achten sollen? Dieser Mann will einen guten und zweckmäßigen Unterricht in der Religion ertheilen, da er doch vielleicht noch nicht einmal Gott um Segen und Unterstützung dazu angerufen, und an keine Vorbereitung auf den zu gebenden Unterricht gedacht hat; gleich als ob er ein

Schulfreund, 5s Bdn.   M   Mann

Mann wäre, der die Pädagogik und Theologie schon längst in ihrem ganzen Umfange und so genau studirt hätte, daß er gleich aus dem Stegreife die beste Erklärung von jedem Spruch der Bibel machen, und allemal die schicklichste Frage an seine oft so verworren antwortenden Kinder thun könnte? — Die Kinder schreien ihm gleich bei seinem ersten Eintritt in die Stube mit ihrer gewöhnlichen geräuschvollen Lebhaftigkeit einen guten Morgen! entgegen, und er, ohne diesen Gruß mit einer schuldigen Danksagung zu erwiedern, sucht seinen Stock, den er bey der großen Ungezogenheit und Ausgelassenheit seiner Zöglinge immer sehr nöthig hat, oder greift vor allen Dingen nach seiner wohlgeschwärzten Tobackspfeife, die, nebst dem Kaffee, den er gemeiniglich erst in der Schulstube im lüstern Beiseyn aller Kinder zu trinken pflegt, in diesem Jammerthale noch sein einziges erquickendes Labsal ist." (Ich habe sogar einen Schulmeister gesehen, der, während, daß die Kinder ihr Pensum aufsagten, seine Stiefeln putzte, und wäre mir nicht seine eigentliche Herkunft bekannt gewesen, so hätte ich mich hier gewiß nicht enthalten können, ihn zu fragen, ob er vielleicht bey einer ehemaligen Bedientenstelle so sehr an diese schmuzige Arbeit gewöhnt worden sey, daß sie ihm auch jetzt noch weit mehr Vergnügen mache, als die unendlich edlere Beschäftigung, Kinder zu unterrichten?) Die Schule nimmt nun ihren Anfang. Es wird ein Morgenlied gesun fungen, oder sonst ein Gesang angestimmt, den der Schulmeister nicht etwa für seine Kinder, nicht etwa zur Erweckung ihrer Andacht, sondern blos für sich und zu seinem eignen Troste, wählt, weil er sich mit ängstlichen Nahrungssorgen tragen muß, und vielleicht nicht weiß, was er zu Mittage, nach geendigten Schulstunden, zur Erquickung und Stärkung seines durch immerwährendes Reden ganz abgematteten Leibes, essen soll. Unter dem Gesange selbst (an welchem ganz natürlich die Kinder, außer daß sie die Lippen bewegen, und oft schrecklich disharmonische Töne aus ihren kleinen Hälsen hervorschreien, gar keinen Antheil nehmen, weil sie das, was sie singen, nicht verstehen und empfinden, oder auch wol gar nicht einmal richtig lesen können) plaudern sie, oder zanken und schlagen sich, und der jähzornige und ohnedies schon äußerst mißmüthige Lehrer sieht sich nothgedrungen, auf sie zuzulaufen, und sie mit seinem Stocke ernstlich und nachdrücklich wieder zur Andacht und Herzenserhebung zurück zu prügeln. Nach Endigung des Liedes wird der sogenannte Morgensegen aus Luthers Katechismus, oder aus irgend einem andern für Hausväter und Hausmütter bestimmten Gebetbuche, ohne Verstand und Empfindung hergesagt, und dann ein Kapitel aus der Bibel vorgelesen, das in der Reihe folgt, und zu dessen Erklärung und Anwendung der Schulmeister kein Wort sagt, *) und entweder wegen seiner

---

*) Und oft ist es auch wahrhaftig recht gut, wenn er

ner eignen groben Unwissenheit nicht ein einziges Wort sagen kann, oder auch vielleicht deswegen wohlbedächtig nichts sagen darf, weil das vorgelesene Kapitel gerade Aussprüche oder Erzählungen enthält, die nicht für Kinder passen, und bey einer genauern und umständlichern Erklärung nur Lachen oder Gähnen erzeugen, oder wol gar den Kindern selbst mehr nachtheilig, als vortheilhaft werden würden." Ferner sagt der Herr Verfasser S. 35. "Es ist ja wahrhaftig eine ganz außerordentliche Vorfallenheit, wenn unter den funfzehn oder zwanzig Kindern, die in manchem Dorfe zu Ostern die Schule verlassen, und öffentlich konfirmiret werden, sich einmal nur ein einziges, oder höchstens zwey, befinden, die gar nichts dazu sagt. Dies beweißt folgende Geschichte: Es kam ohnlängst ein armer Knabe von 12 Jahren vor meine Thür, und bettelte. Das Gebeth, das er bey dieser Gelegenheit hersagte, war der 22ste Psalm, wo unter andern im 22sten Verse die Worte vorkommen: "Hilf mir aus dem Rachen des Löwen, und errette mich von den Einhörnern." Ich fragte den Knaben, verstehst du denn auch diesen Psalm, den du jetzt hergesagt hast? War denn David in den Rachen eines Löwen, als er jene Worte betete: "Hilf mir aus dem Rachen des Löwen?" Ja, antwortete er, mein Herr Schulmeister hat es mir gesagt, David hätte in dem Rachen eines Löwen gesteckt, und sobald er da gebetet hätte, so hätte ihn der Löwe augenblicklich wieder fallen lassen. Herrliche Erklärung!

die gehörig lesen, die einige Sprüche aus der Bibel verstehen, und überhaupt von Gott und der Religion erträgliche Begriffe haben, an die gute Leitung ihrer Herzen, an die Angewöhnung zu frommen Gesinnungen, und, mit einem Worte, an die Anführung zum thätigen Christenthume, worauf doch das allermeiste ankommt, ist hier gar nicht zu denken. Bey der Untersuchung der Ursachen dieses elenden Schulstandes bekommen denn die Herren Specialsuperintendenten und Schulmeister, die sich so wenig um die Dorfschulen bekümmern, und der Schulordnung § 2. so wenig nachkommen, eine derbe — aber wenn auch nur zehn in Sachsen so sind, wie sie da geschildert werden, in ihrer Amtstreue, und besonders erstere in ihrem Benehmen gegen die Schullehrer, die in der Regel per Er und Ihr betitelt werden, — wohlverdiente Lektion!

Die Vorschläge, die der Verfasser zur Verbesserung thut, sind wohl durchdacht, und gewiß anwendbar. Möchten sie nur gehört und beherzigt werden! Daß die Anlegung mehrerer Schulmeister-Seminarien (denn eins würde, des großen Umfangs des Landes wegen, wenig fruchten) eines der ersten ist, versteht sich. Erfreulich ist denn doch, bey dem so wenig Erfreulichen dieses Buchs, die Note, die der Schriftsteller S. 54. hinsetzen konnte: "Heil, ewig Heil und Ehre unserm Lande! der Anfang zur Befriedigung unserer Wünsche scheint nun auf einmal gemacht zu seyn. Diese Schrift war geendiget, und zum Drucke bestimmt, als ich von einem Freunde aus Dresden erfuhr, daß der Herr Oberkonsistorialpräsident von Burgsdorf an der Errichtung eines Schulmeisterseminariums auf das eifrigste arbeitete, und wirklich schon eine solche Anstalt getroffen habe, wo vierzehn Schüler zu künftigen Schulmeistern gebildet werden sollen. Jeder Patriot wird diesem einsichtsvollen und edeldenkenden Manne, dazu Gottes Segen wünschen. Es scheint, als wenn ihn Gott recht absichtlich zum Glück unserer Schulen auf den hohen Posten, den er jetzt mit so vielem Ruhme bekleidet, gestellt hätte. Gott erhalte ihn noch lange unserm Vaterlande, und lasse ihn, wie Jesum, Gutes wirken, dieweil es Tag ist." Die übrigen guten Vorschläge, bessere Lehrbücher ꝛc. betreffend, müssen den Lesern überlassen werden. Möchten denn doch die letzten — wahrhaft rührenden und mit wahrer Wärme geschriebenen Anreden und Aufforderung an die Grossen, die die Väter des Vaterlandes, Vorsteher des Volks, die Aufseher des Schulwesens und Prediger — die so gewiß von Herzen giengen, auch zu Herzen gehen! Was er dem Adel S. 62. sagt, kann ich mich nicht enthalten, abzuschreiben: "O! ihr sächsischen Edelleute, unter denen ich so manchen vortrefflichen Mann kenne, werdet doch stolz auf das große Vermögen, das ihr besitzt, euch um die ganze Menschheit die größten Verdienste zu erwerben! Ahmet doch dem rühmlichen den Beispiele jener eben (im Buch) genannten Männer nach! Wendet euern Reichthum, den ihr habt, blos zum Besten eurer Unterthanen an! Suchet eure Dorfschulen in eine glücklichere Verfassung zu setzen! Nehmet euern Schulmeistern die Wirthschaft ab, und setzet sie ebenfalls in eine solche Lage, daß sie ihren Aemtern mit Fleiß und Treue vorstehen, und in denselben viel Segen schaffen können! Was hat denn der Mensch auf dieser Erde für Freuden, wenn es nicht die des Recht- und Wohlthuns, nicht die der Nachahmung Gottes und der Menschenbeglückung sind? Der schönste und dauerhafteste Adel, ist Adel des Geistes und des Herzens. Der gilt bey allen Menschen, und hat auch selbst bey dem Gott den größten Werth, der uns unsern auszeichnenden Stand, unser Ansehn, und unsern Reichthum nur deswegen giebt, damit wir dadurch seine geliebte Menschenfamilie erfreuen und beglücken sollen. Und wohl dem, der das thut! Sein Name wird auf Erden mit Ehrfurcht und Bewunderung genannt, und noch einst im Himmel groß werden!

Nur noch eine einzige feine Anmerkung des Vf. erlaube man mir hinzu zu setzen, weil sie mir um der jetzigen Zeitumstände, und besonders des inkonsequenten Geschreies willen, nöthig scheint, womit man den Großen der Erde jetzt in Ohren liegt: als ob — man beruft sich dabey auf Frankreichs Beispiel! — die Aufklärung des Volks durch verbesserte Schulen Ursach des bösen Revolutions-Dämons sey! Ich bin aufs innigste versichert: daß nicht Aufklärung, sondern gerade der Mangel derselben, an dergleichen, von der Menschheit von jedem, ders wohl mit ihr meint, fern weg zu wünschenden greulichen Explosionen, vielmehr Ursach sey. Wahrhaft aufgeklärte Menschen, die schon von Jugend auf angeführt sind, sich als Menschen, Christen und Staatsbürger in allen ihren Beziehungen und Verhältnissen richtig zu denken, sich darein zu finden, und in denselben möglichst nützlich nicht nur zu seyn, sondern denen es auch von zarter Jugend an, durch Vorstellung des Guten in ihrem Vaterlande und dessen Verfassung, sich wohl darin zu befinden, zur andern Natur gemacht ist — werden gewiß auch allemal, weil sie über ihre Verhältnisse und Pflichten richtig belehrt — auch richtig denken — die treuesten, ruhigsten und nützlichsten Staatsbürger seyn! — Jetzt die Anmerkung des Verfassers, die diese Aeusserung veranlaßt.

"Ich glaube sagt er, daß man diesen Werth einer guten Kindererziehung in der Folge noch immer lebhafter erkennen und fühlen wird. Es ist doch in der That sehr auffallend, daß, so viel mir aus öffentlichen Nachrichten bekannt geworden ist, in den letzt verflossenen Jahren in keinem einzigen von jenen Ländern und Herrschaften, wo man bisher für gute Schulanstalten, und überhaupt für mehrere Veredlung und Beglückung des Volks gesorgt

sorgt hat, Aufruhr und Empörung ausgebrochen ist. Die Ursache hiervon liegt am Tage. Jene guten Anstalten wirken schon jetzt, und obgleich die wichtigsten und glücklichsten Folgen davon erst in der nächstfolgenden Generation erwartet werden müssen: so sehen doch die Unterthanen daraus schon jetzt allemal so viel, daß man sie achte und schätze, und auf ihre Wohlfahrt bedacht sey. Was kann dies anders erzeugen, als Hochachtung, als Liebe, als Treue gegen ihre Landesherren? Möchten doch dies in unsern gegenwärtigen so unruhigen Zeiten alle Fürsten und Gutsherren in die ernstliche Erwägung ziehen, und auch dadurch bewogen werden, auf Bildung und Veredlung ihrer Unterthanen durch gute Schulanstalten auf das eifrigste bedacht zu seyn!" *)

Von zwey neulich herausgekommenen trefflichen und nützlichen Schriften für Schullehrer, zeige ich hier den Lesern des Schulfreundes nur die Titel an, weil der Raum eine ausführlichere Anzeige, welche für das nächste Bändchen ausgesetzt bleibt, verbietet.

*) Man lese hierzu noch in Hrn. von Rochow vortrefflichen Berichtigungen 1. Versuch 1792. den Artikel: Aufklärung S. 232 — 235. wo diese delikate Materie, selbst mit Hinsicht auf Frankreich, abgehandelt und berichtigt ist.

d. H.

Das erste ist: Neue Beschreibung der Reckanschen Schule, größtentheils zugleich ein praktisches Handbuch für Lehrer, welche nach Reckanscher Lehrart unterrichten können und wollen, von Carl Friedrich Riemann, reform. Prediger zu Neu-Cüstrinchen bey Wriezen. Mit einer Vorrede von Sr. Hochwürden, dem Herrn Domherrn ꝛc. Friedrich Eberhard von Rochow, Erbherrn auf Reckan ꝛc. Berlin und Stettin, bey Friedrich Nicolai. 1792. 8.

Da das Buch ganz den Namen eines praktischen Handbuchs für alle Schullehrer, die nach Reckanscher (d. h. nach der besten) Lehrart unterrichten wollen und können, (denn von dürfen? sollte ja in unsern Zeiten, bey dem allgemein anerkannten Werth, der in jener Musterschule üblichen Methode wol kaum die Rede noch seyn?) verdient: so kann ich kaum glauben, daß die, welchen es irgend möglich ist, nur noch erst die versprochene umständlichere Anzeige desselben abwarten, sondern es sich, sobald als möglich, anschaffen werden. Auch der Besitz der ältern Beschreibung der Reckanschen Schule, kann dies neue Buch, welches viel vollständiger und ganz umgearbeitet ist, selbst nicht überflüßig machen, wie die beinahe um 100 Seiten vermehrte Bogenzahl schon bemerklich macht. Ein trefflicher zu dieser neuen Ausgabe hinzu

hinzu gekommener Aufsatz des würdigen Herrn Kantor Bruns, über das Kopfrechnen, macht ja allein schon die Anschaffung dieser neuen auch nebst der ältern Ausgabe nöthig.

2) **Anfangsgründe nützlicher Kenntnisse, zur Belehrung für Kinder und Wiedererinnerung für Erwachsene,** mit dem Titelspruch: Non scholae, sed vitae! das ist:

Nicht für die Schul' allein; nein, für dein ganzes Leben,

Sey dir, mein Kind! dies Buch wohlmeinend übergeben.

von Rud. Tim. Traug. Müller. Erfurt 1792. 8. bey Georg Adam Keyser. 512 Seiten, nebst einem Register, das die Nützlichkeit dieses guten Elementar- und Handbuchs beim Gebrauch für den Lehrer, sehr vermehrt, und welches man gleichfalls in recht vielen Händen wünscht. (kostet 14 ggl.)

X.

Wunsch und Bitte des Herausgebers.

Freilich hat es mir bisher an Beiträgen für den Schulfreund keinesweges gefehlt, und ich darf eben so sicher hoffen, daß es mir daran in der Folge nicht mangeln werde. Viele derselben haben, ihrer Nützlichkeit wegen, den gewünschten Beifall beim Publikum gefunden, und das Verlangen nach mehrern, ihnen

ihnen ähnlichen, erregt; wie mir darüber mündliche und schriftliche Zusicherungen in Menge zugekommen sind. So freudig ich nun hiermit meinen bekannten und unbekannten schätzbaren Freunden, welche mein Unternehmen, welches blos Nützlichkeit zum Endzweck hat, bisher durch ihre Mitarbeit unterstützten, dafür auch öffentlich in meinem und aller wohlgesinnten Schullehrer und Schulfreunde Namen, um welche sie sich, und dadurch zugleich um die gute Sache des bessern Schulwesens selbst durch ihre Beiträge verdient machten, den herzlichsten und ergebensten Dank sage; so kann ich doch nicht umhin, meinen Wunsch und Bitte, welche ich gleich beim Anfang meines Unternehmens durch Zeitschriften und Zeitungen sowol, als durch die Einleitung zum Schulfreunde selbst, ins Publikum brachte, nochmals zu äußern: daß doch **mehrere Freunde des deutschen Schulwesens, die nicht nur guten Willen, sondern auch Kräfte haben, zu dem vorgesetzten Endzweck mitzuwirken,** sich willig finden lassen möchten, auch dazu durch Theilnehmung und Mitarbeit an diesem Werkchen behülflich zu werden. Wahrlich ist ja doch die Anzahl **solcher Männer, die das könnten,** in Deutschland jetzt nicht geringe, und es sollte mir nicht schwer werden, hier gleich wenigstens hundert verehrungswürdige Namen von Männern an dem Rhein und der Elbe, der Spree und der Oder, dem Mayn und der Weser u. s. w. zu nennen, welche sich als Aufseher sehet der Schulen und Seminarien, oder als Prediger und Schullehrer durch ihre Theorie und Praxis sogar berühmt gemacht haben, wenn nicht solche Namhaftmachung eine Art von unbescheidener Zudringlichkeit, wovon ich sehr weit entfernt bin, verrathen würde. Wenigstens wünschte ich, daß dieses, indem ich es sage, für viele meiner lieben Freunde, die mit mir gleich denken und gleiches Gute wollen, mir auch wol bey meiner ersten Aufforderung an sie, angenehme Hoffnung zu thätiger Theilnehmung an meiner Schulschrift gaben, eine Erinnerung seyn möge. Freilich werden diese trefflichen Männer Beruhigung genug darin finden, daß sie im Stillen des Guten in ihren nächsten Kreisen viel wirken, und nur durch Amtsgeschäffte und leidige Kriegsunruhen sich abgehalten fühlen, durch schriftliche Mittheilung dessen, was sie in Schulen und Lehranstalten, und wie sie es wirkten, auch Andern nützlich zu werden. Indessen wird es doch auch bey aller Betriebsamkeit Vieler für die Verbesserung der Schulen und des Schulwesens zu wirken, immer auch hier sehr wahr seyn, was unser Herr einst sagte, da er das Volk sahe, und ihn desselbigen jammerte, weil sie waren wie Schafe, die keinen Hirten haben: "Die Ernde ist groß, "aber wenig sind der Arbeiter. Darum bittet den Herrn der Ernde, daß "er treue Arbeiter in seine Ernde sen"de." (Matth. 9, 36—38.)!!! Die Nutzanwendung hiervon wird sich jedem wohlgesinnten Menschen- und Schulfreunde von selbst aufdringen. —

Noch finde ich nöthig, Folgendes, mein Unternehmen betreffend, zu erinnern. Da meine Prediger- und Inspektions-Amtsgeschäffte mir eine ausgebreitetere Korrespondenz nicht erlauben, es meine Freunde nicht für einen Mangel der Hochschätzung und Dankbarkeit auslegen werden, wenn ich ihre

Briefe

Briefe nicht immer, oder nicht bald beantworte. Ein für allemal aber mag hierdurch die Verabredung mit ihnen getroffen seyn: daß, wofern sie ihre Beiträge vom Empfang an gerechnet, künftighin binnen sechs Wochen nicht von mir zurück erhalten, dies eine stillschweigende Versicherung sey, daß dieselbigen als zweckmäßig für den Schulfreund aufgenommen, und, sobald als möglich, abgedruckt werden. Denn da ich nicht nur etwas Gutes, sondern nur zunächst zu meinem Zweck hintreffendes und ausführbares in meine Schrift aufnehmen wollte: so hat es schon bisher nicht fehlen können, daß ich nicht mehrere, an sich wirklich schöne und treffliche Abhandlungen und Vorschläge, habe zurück senden müssen, weil sie bey allem, ihnen eigenthümlichen Guten, doch nicht für meinen Plan und meinen Endzweck zunächst paßten. Weshalb ich denn nochmals bitten muß, den im ersten Stück vorgelegten Plan immer vor Augen zu haben, um darnach zu beurtheilen: was das wol für Beiträge und Nachrichten seyen, welche mir für mein Vorhaben wünschenswerth seyn möchten? Im Allgemeinen werden dies immer solche seyn, wobey dem sachkundigen Einsender die Ueberzeugung gewiß ist: daß dadurch Schullehrern ihr Geschäfft leichter; sie selbst für dasselbe nutzbarer gemacht, und der Trieb, immer nützlicher zu seyn, in ihnen aufgeregt oder mehr unterhalten werde. Der wackere Unbekannte, dessen Bitte um ein gutes Geberbuch für niedere Schulen, im 4ten Bändchen des Schulfr. S. 74. u. f. f. abgedruckt ist, wird freundschaftlich gebeten, sich mir baldigst bekannt zu machen; da ich einen Auftrag an ihn habe, und ihm auch das kleine Honorar für seinen mit Beifall aufgenommenen Aufsatz gern einhändigen möchte. Derenburg, den 30ten Septemb. 1792.

Briefe nicht immer, oder nicht bald beantworte. Ein für allemal aber mag hierdurch die Verabredung mit ihnen getroffen seyn: daß, wofern sie ihre Beiträge vom Empfang an gerechnet, künftighin binnen sechs Wochen nicht von mir zurück erhalten, dies eine stillschweigende Versicherung sey, daß dieselbigen als zweckmäßig für den Schulfreund aufgenommen, und, sobald als möglich, abgedruckt werden. Denn da ich nicht nur etwas Gutes, sondern nur zunächst zu meinem Zweck hintreffendes und ausführbares in meine Schrift aufnehmen wollte: so hat es schon bisher nicht fehlen können, daß ich nicht mehrere, an sich wirklich schöne und treffliche Abhandlungen und Vorschläge, habe zurück senden müssen, weil sie bey allem, ihnen eigenthümlichen Guten, doch nicht für meinen Plan und meinen Endzweck zunächst paßten. Weshalb ich denn nochmals bitten muß, den im ersten Stück vorgelegten Plan immer vor Augen zu haben, um darnach zu beurtheilen: was das wol für Beiträge und Nachrichten seyen, welche mir für mein Vorhaben wünschenswerth seyn möchten? Im Allgemeinen werden dies immer solche seyn, wobey dem sachkundigen Einsender die Ueberzeugung gewiß ist: daß dadurch Schullehrern ihr Geschäfft leichter; sie selbst für dasselbe nutzbarer gemacht, und der Trieb, immer nützlicher zu seyn, in ihnen aufgeregt oder mehr unterhalten werde. Der wackere Unbekannte, dessen Bitte um ein gutes Gebetbuch für niedere Schulen, im 4ten Bändchen des Schulfr. S. 74. u. f. f. abgedruckt ist, wird freundschaftlich gebeten, sich mir baldigst bekannt zu machen; da ich einen Auftrag an ihn habe, und ihm auch das kleine Honorar für seinen mit Beifall aufgenommenen Aufsatz gern einhändigen möchte. Derenburg, den 30sten Septemb. 1792.

Briefe nicht immer, oder nicht bald beantworte. Ein für allemal aber mag hierdurch die Verabredung mit ihnen getroffen seyn: daß, wofern sie ihre Beiträge vom Empfang an gerechnet, künfftighin binnen sechs Wochen nicht von mir zurück erhalten, dies eine stillschweigende Versicherung sey, daß dieselbigen als zweckmäßig für den Schulfreund aufgenommen, und, sobald als möglich, abgedruckt werden. Denn da ich nicht nur etwas Gutes, sondern nur zunächst zu meinem Zweck hintreffendes und ausführbares in meine Schrift aufnehmen wollte: so hat es schon bisher nicht fehlen können, daß ich nicht mehrere, an sich wirklich schöne und treffliche Abhandlungen und Vorschläge, habe zurück senden müssen, weil sie bey allem, ihnen eigenthümlichen Guten, doch nicht für meinen Plan und meinen Endzweck zunächst paßten. Weshalb ich denn nochmals bitten muß, den im ersten Stück vorgelegten Plan immer vor Augen zu haben, um darnach zu beurtheilen: was das wol für Beiträge und Nachrichten seyen, welche mir für mein Vorhaben wünschenswerth seyn möchten? Im Allgemeinen werden dies immer solche seyn, wobey dem sachkundigen Einsender die Ueberzeugung gewiß ist: daß dadurch Schullehrern ihr Geschäfft leichter; sie selbst für dasselbe nutzbarer gemacht, und der Trieb, immer nützlicher zu seyn, in ihnen aufgeregt oder mehr unterhalten werde. Der wackere Unbekannte, dessen Bitte um ein gutes Geberbuch für niedere Schulen, im 4ten Bändchen des Schulfr. S. 74. u. f. f. abgedruckt ist, wird freundschaftlich gebeten, sich mir baldigst bekannt zu machen; da ich einen Auftrag an ihn habe, und ihm auch das kleine Honorar für seinen mit Beifall aufgenommenen Aufsatz gern einhändigen möchte. Derenburg, den 30sten Septemb. 1792.

Briefe nicht immer, oder nicht bald beantworte. Ein für allemal aber mag hierdurch die Verabredung mit ihnen getroffen seyn: daß, wofern sie ihre Beiträge vom Empfang an gerechnet, künftighin binnen sechs Wochen nicht von mir zurück erhalten, dies eine stillschweigende Versicherung sey, daß dieselbigen als zweckmäßig für den Schulfreund aufgenommen, und, sobald als möglich, abgedruckt werden. Denn da ich nicht nur etwas Gutes, sondern nur zunächst zu meinem Zweck hintreffendes und ausführbares in meine Schrift aufnehmen wollte: so hat es schon bisher nicht fehlen können, daß ich nicht mehrere, an sich wirklich schöne und treffliche Abhandlungen und Vorschläge, habe zurück senden müssen, weil sie bey allem, ihnen eigenthümlichen Guten, doch nicht für meinen Plan und meinen Endzweck zunächst paßten. Weshalb ich denn nochmals bitten muß, den im ersten Stück vorgelegten Plan immer vor Augen zu haben, um darnach zu beurtheilen: was das wol für Beiträge und Nachrichten seyen, welche mir für mein Vorhaben wünschenswerth seyn möchten? Im Allgemeinen werden dies immer solche seyn, wobey dem sachkundigen Einsender die Ueberzeugung gewiß ist: daß dadurch Schullehrern ihr Geschäfft leichter; sie selbst für dasselbe nutzbarer gemacht, und der Trieb, immer nützlicher zu seyn, in ihnen aufgeregt oder mehr unterhalten werde. Der wackere Unbekannte, dessen Bitte um ein gutes Gebetbuch für niedere Schulen, im 4ten Bändchen des Schulfr. S. 74. u. f. f. abgedruckt ist, wird freundschaftlich gebeten, sich mir baldigst bekannt zu machen; da ich einen Auftrag an ihn habe, und ihm auch das kleine Honorar für seinen mit Beifall aufgenommenen Aufsatz gern einhändigen möchte. Derenburg, den 30sten Septemb. 1792.

www.ingramcontent.com/pod-product-compliance
Lightning Source LLC
Chambersburg PA
CBHW020908230426
43666CB00008B/1363